2022
빅 인사이트

2022 빅 인사이트

인포맥스 라이브 톰과 제리의
시장을 이기는 주식 대전망

• 차영주 · 김민수 지음 •

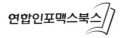

연합인포맥스북스

투자자들에게 꿈을 주었던 2020년과 달리 2021년 주식시장은 많은 절망을 안겨주었다. 2022년 주식시장은 어떤 모습일까? 꿈일까? 절망일까? 톰과 제리로 불리며 개인투자자들의 편에 서서 함께 소통하고 다양한 정보를 전달해주고 있는 차영주 소장(톰), 김민수 대표(제리)의 새 책이 나왔다. 쉽고 편하면서 깊이도 있다. 2022년 주식시장의 정답을 알고 싶다면 그들과 함께하라. 티격태격하지만 그들은 늘 개인투자자의 편에 서 있고 평생 멘토가 되어줄 것이다.

_ 염블리 염승환(《주린이가 가장 알고 싶은 최다질문 TOP 77》 저자,

이베스트투자증권 디지털사업부 이사)

먼저 오랜 지기(知己)인 '톰'과 '제리'의 《2022 빅 인사이트》 출간을 축하한다. 그동안 방송과 개인적 대화를 통해 두 사람은 비록 예측과 전망이 틀릴 수는 있어도 남을 속여가며 자신의 이익을 도모하는 자들이 아님을 알기에 비록 이 책의 내용이 다 맞는 얘기는 아닐 수 있어도 적어도 일독의 가치는 있으리라 믿는다.

외국인과 기관이라고 하는 거대 집단들과 '기울어진 운동장'에서 싸워야 하는 개인투자자들은, 특히 스스로를 '주린이'라 여기는 이들은, 치열한 실전 경험을 쌓아온 두 저자가 의기투합하여 쓴 이 책을 통해 단단한 창과 방패를 모두 겸비하여 나아갈 수 있기를 기원한다.

_ 이진우(GFM 투자연구소장)

김민수 대표와 차영주 소장. 아끼는 이 두 후배들을 처음 알게 된 것은 아마도 8년 전쯤이었던 것으로 기억한다. 당시 나는 현대경제연구원 총괄본부장으로 재직하면서 연합인포맥스의 〈주간전망대〉를 진행하고 있었는데, 그때 주식 관련 주제로 패널을 섭외하면 김 대표와 차 소장은 그 누구보다 먼저 섭외 대상 1순위로 꼽혔다. 증권 전문가로 유명세를 타고 있는 그 어떤 사람들보다도 내공이 깊을뿐더러, 현장에서 잔뼈가 굵은 실전 경험이 그들 내공에 무게감을 더해줬기 때문이다.

투자 철학과 성향에서 두 사람은 전혀 다르다. 김 대표가 치고빠지는 스타일의 인파이터라고 하면 차 소장은 좀 더 긴 호흡으로 때를 기다리는 아웃복서 스타일이다. 정말 놀라운 것은 어떤 종목에 대해서 물어보더라도 곧바로 한 시간 이상 설명할 수 있을 정도로 개별 종목 하나하나에 해박한 지식으로 무장하고 있다는 점이다. 이 두 사람이 의기투합해 함께 작업한 첫 책을 선보인다. 이 책을 통해 독자들은 자신의 스타일에 맞는 투자 노하우를 배울 수 있을 것이다. 이에 더하여 어느 한쪽에 치우치지 않는 균형 잡힌 시각도 배울 수 있을 것이다.

자신만의 스타일을 찾고 동시에 어느 쪽에도 치우치지 않는 균형 잡힌 투자관을 세우는 것이 성공 투자의 지름길이다. 이 책은 그런 면에서 독자 여러분의 성공 투자에 지름길이 될 것을 확신한다.

_ 한상완(2.1지속가능연구소장, 전 현대경제연구원 대표)

※ 추천사는 가나다 순임.

2022년 주식시장을 이기는 빅 인사이트 15가지

사건의 발단은 이랬다.

여느 때와 다름없이 일주일의 대미를 장식하는 〈연합인포맥스 라이브〉 유튜브 방송을 위해 톰(차영주 소장)의 차를 타고 방송국으로 가던 중이었다. 방송에서 티격태격하는 모습과는 다르게 톰은 시간이 되면 꼭 중간 지점에서라도 차를 태워주는, 친절함의 대명사이다. (톰은 이 부분을 꼭 강조하고 싶으실 거다.) 붉은 노을이 감싸던 반포대교를 시원하게 달리던 중 톰이 깜짝 제안을 했다.

톰 우리 같이 책 한번 써보는 게 어떨까요? 방송의 케미를 살려 책도 내면 좋을 것 같은데?

제리 책이요? 소장님은 벌써 두 권이나 책을 내신 유명 저자지만 전 엄두도 못 내겠는데요.

톰 제리도 주식시장에 오래 몸담아 왔는데, 경험과 연륜을 녹여 책 한 권 낼 때 된 것 같은데요? 같은 주제를 가지고 서로 다른 목소리를 내는 책을 기획해보는 것도 재미있을 것 같아요.

갑작스러운 제안이라 당황스러웠다. 평소 책 읽기는 좋아했지만 저자가 된다는 것은 차원이 다른 일이라 생각했다. 하지만 새로운 경험이 될 것 같다는 생각이 들었고 유명 저자인 톰의 제안이라 귀가 솔깃했다. 이런 기회가 쉽게 오지 않을 것 같다는 느낌이 들었다. 또한 책을 처음 쓰는 입장에서 톰의 길잡이는 많은 도움이 되리라 생각했다. 설렘 반, 걱정 반이었지만 의외로 해볼 만할 것 같았다.

톰은 역시 빨랐다. 방송국에 도착하자마자 이진우 소장과 연합인포맥스 본부장께 책 기획에 대해 조언을 구하기 시작했다.

이진우 소장 괜찮겠는데. 둘이 맨날 싸우는 거, 책에서도 한번 제대로 티격태격하면 재미있겠는데! (물론 '버럭' 버전이었다. 화가 아닌 흥분의 버럭이었다. 이젠 익숙하다.)
배상훈 본부장 책 기획 괜찮은데요, 많이 도와드릴 테니 한번 해보세요!

주변 반응이 의외로 긍정적이었다. 반신반의하던 나도 벌써 책 출판을 승낙한 어색한 웃음을 짓고 있었다. 바로 그때 톰의 추진력은 또다시 발휘되었다.

톰 이달 말까지 책 주제를 정해서 공유하고, 해당 주제에 맞게 서로의 내용을 써본 뒤, 어느 정도 내용이 나오면 출판사 선정하고….

일사천리였다. 역시 해본 사람은 달랐다. '어, 어' 하는 사이에 벌써 책을 반은 쓴 것 같은 느낌이었다. 차오른 자신감으로 나도 이제 저자가 되어보는구나, 이런 생각을 하며 집필 작업에 돌입했다.

그랬다. 너무 쉽게 생각했다는 후회가 집필 초반부터 밀려오기 시작했다. 방송을 하면서 시장에 대한 뷰(관점)와 매매에 대한 주관은 충분히 다졌다고 자부했지만, 이를 활자화하는 작업은 또 다른 일이었다. 집필 준비를 하는 2주간은 심적인 부담이 상당했다. 얇은 등산복 하나 갖춰 입고 에베레스트산을 넘겠다고 큰소리치는 초보 등산인 처지 같았다. 아직 설악산도 안 가본 사람이 에베레스트산을 논하는 격이었다. 글의 요지를 정해도 어디서 어떻게 자료를 보강해야 하는지부터 원하는 자료가 없을 때 다시 손으로 자료를 만들어가야 하는 상황까지, 산 넘어 산이었다. 한때 새벽 방송을 같이했던 염승환 이사는 책을 뚝딱뚝딱 쉽게 만드는 것처럼 보였는데, 그건 문외한의 완전한 오해였다. 근황을 묻던 통화에서도 염 이사는 그런 이야기를 했다.

염승환 이사 책 쓰는 게 쉽지 않아요, 제리 님. 구상하고 자료 찾는 게 힘들고, 그게 생각보다 시간과 노력이 많이 들어요.

쉬운 결정 뒤에 따라왔던 많은 고뇌와 수고를 거쳐 어느 정도 책의 윤곽이 나올 즈음, 책을 쓴다는 게 얼마나 어렵고 힘든 일인지 깨달았다. 그런 고통 끝에 책을 세상에 낸 저자들이 정말 존경스럽다는 생각이 들었다. 이 모든 과정을 거쳐 자기주장과 색깔을 분명하게 낸다는 것에 대해 존경에 존경을 더할 뿐이다. "매매가 훨씬 쉬웠어요"라고 말하고 싶을 정도로 (개인적인 생각이라 죄송합니다) 책 쓰는 과정과 노력은 인정받아야 한다는 생각이 든다. "또 책을 낼 생각이 있으신가요?"라고 누군가 물어온다면 흔쾌히 긍정할 자신이 솔직히 없다. 아웃풋이 나올 수 있을 정도의 인풋 과정(추가적인 충분한 독서와 리포트 연구, 시장과 매매에 대한 관점 만들기 등)을 더 쌓아가지 못한다면 이번처럼 쉽게 "예스"라고 대답하지 못할 것 같다. 처음으로 저자가 된다는 설렘 때문에 집필 작업을 너무 쉽게 생각했던 것 같다. 책값은 물론 무엇보다 소중한 시간을 대가로 치러야 하는 독자들에 대한 책임감 또한 책을 구성하는 중요한 요소라는 사실을 깨닫게 되었다.

사실 2020년의 주식시장은 코로나19를 극복하는 과정에서 풀린 돈의 힘과 주식투자에 대한 뜨거운 관심 속에서 '매수 후 보유(buy & hold)'만 유지해도 쉽게 수익이 났다. 하지만 '내가 주식투자에 소질 있는 게 아닐까?' 하며 두둑해진 증권 계좌를 흐뭇하게 바라보는 사이 2021년은 연초에 찍었던 3300선을 고점으로 슬금슬금 내려오는 장세를 보였다. 재개된 공매도와 현란한 외국인의 선물 플레이가 지속되는 가운데 우량하다는 대형주가 꾸준히 하락하며 이를 매수해놓은 개인 투자자들의 마음을 심란하게 했다. 그럼 과연 2022년에는 어떤 변화가 이어질까?

이 책은 2022년을 바라보며 주식투자자들이 가장 많이 고민하게 될 내용이 무엇일까를 염두에 두고 크게 세 가지 주제를 다룬다. 시장과 업종 및 대표 종목 그리고 매매에 관한 고민에 대해 다양한 시각으로 바라볼 수 있도록 구성했다. 먼저 1장은 2022년 주식시장에 대한 고민이다.

1장. 시장에 관한 티키타카	톰 의견	제리 의견
Q1. 2022년을 바라보는 주식시장, 상승한다? 하락한다?	중립	상승
Q2. 변이 바이러스의 확산 우려가 커지는 코로나19 사태, 시장에 계속 영향을 끼칠 것인가?	영향 있다	영향력 감소
Q3. 2022년 시장에 영향을 끼칠 주요 이슈를 꼽는다면? (3가지)	유동성, 개인 동향, 기업 실적	미·중 간의 갈등, 글로벌 친환경 트렌드, 대선
Q.4. 2022년 시장 상황을 고려할 때 주식 비중을 늘린다? 줄인다?	중립	늘린다

2022년 시장에 대한 전반적인 전망과 코로나19의 추가적인 영향, 그리고 주요 이슈가 될 만한 내용을 점검하며 이를 전반적으로 고려했을 때, 주식 비중을 어떻게 가져가야 할지에 대한 의견을 담았다. 여러 매체를 통해 밝힌 바 있지만, 톰은 신중론에, 제리는 기회가 온다면 이를 적극적으로 이용하는 기회론에 무게를 실었다.

2장에서는 업종과 섹터 그리고 (주식투자자들이 가장 궁금해할) 대표 종목들에 대한 2022년의 전략과 이와 함께 꼭 짚고 넘어가야 할 포인트를 담았다. 특히 2022년에도 관심 있게 봐야 할 섹터와 종목까지 심도 있게 다루었다. 종목 추천의 의미는 아니지만, 우리 각자의 생각에 기반을 둔 유망 섹터와 종목이란 점을 염두에 두고 서로를 비교해보면 좋을 것 같다.

2장. 업종과 섹터에 관한 티키타카	톰 의견	제리 의견
Q.1. 삼성전자, 더 살까? 지금이라도 팔까?	중립	하락 시 분할 매수
Q2. 현대차, 더 살까? 지금이라도 팔까?	중립	하락 시 분할 매수
Q3. 지금이라도 산다면, 네이버? 카카오?	네이버	카카오
Q4. 경기민감주, 지금이라도 살까? 팔까?	매수	선별적 매수
Q5. 2022년 관심 있게 봐야 할 섹터나 업종은?	2차 전지 소재, 엔터, 증설기업	사이버보안주, 조선기자재 관련주, 건자재 관련주, 턴어라운드 기업
Q6. 2022년까지 고려해 꾸준히 비중을 늘려야 할 종목 3가지만 고른다면?	삼성전기, KB금융, LG이노텍	이마트, 동부건설, 세아제강지주

신중론을 표방함에도 불구하고 관심 있는 섹터에서 보여주는 톰의 다채로운 투자 아이디어와 당장 주가의 움직임이 빠르지 않더라도 꾸준한 관심이 필요하다는 제리의 인사이트는 눈여겨볼 만하다.

마지막 3장에서는 주식시장에 접근할 때 현실적으로 많이 고민하게 되는 사항과 그에 필요한 조언을 중심으로 두 필자가 자신만의 의견을 정리했다. 각자 나름으로 주식시장에서 충분히 경험과 연륜을 쌓은 톰과 제리가 투자자들에게 들려주고 싶은 실제 매매에 필요한 팁을 정성껏 정리해 담았다.

장기투자와 단기투자에 대한 시각, 가치투자와 테마주, 기술적 분석과 손절매 등 세부적인 사항에서 톰과 제리의 다양한 시각이 이어진

3장. 매매에 관한 티키타카	톰 의견	제리 의견
Q1. 주식투자는 반드시 장기투자를 해야 한다. 단기투자는 해선 안될까?	투자의 구분 필요	장기투자와 단기투자 병행
Q2. 가치투자만이 살 길인가? 테마주 매매는 해선 안 될까?	가치투자 중점	테마주 매매 병행 필요
Q3. 차트는 주식투자에 꼭 필요하다. 맞는 말인가?	필요하다	매매 결정 시 차지하는 비중 30% 이하
Q4. 손실 중인 보유 종목에 대해서 물타기를 할까, 손절매를 할까?	손절매 필요	기계적인 손절 지양
Q5. 주식투자로 성공할 수 있을까? 개인투자자에게 한마디로 조언한다면?	성공할 수 있다	성공할 수 있다. 열정이 허락한다면

다. 투자자의 성향과 매매 패턴, 시장을 대하는 관점에 따라 여러 가지 시각으로 해석될 수 있고 정답이 없는 만큼, 나에게 맞는 조언이 무엇인지 그리고 내 생각 및 나의 매매 패턴과는 다르더라도 혹시 참고해볼 만한 부분이 없는지 비교·분석해볼 만한 내용을 담고 있다. 느리더라도 원칙이 분명한 톰의 매매 성향과 좀 더 발 빠른 시장 대응으로 다양한 기회를 열고 대응하는 제리의 매매 패턴의 차이와 함께 각자의 체화된 스타일을 시장에 어떻게 맞춰가는지를 비교·분석해볼 만하다.

전반적으로 이 책은 스타일이 다른 두 명의 주식 전문가가 각자의 시각으로 시장을 해석하고 그 기준에 맞는 다양한 이야기를 펼쳐내는 데 초점을 맞추었다. '누가 맞다, 틀리다'를 떠나 이 책이야말로 시장에 대한 다양한 시각을 접하며 매일매일 시장에서 생존하고 수익을 내기 위해 치열하게 고민하는 숨소리를 느낄 기회라고 정리하고 싶다.

톰과 제리의 스타일은 분명히 다르지만 똑같이 내는 한목소리가 있다. "시장에 대해 치열하게 고민하고 열정으로 충분히 종목과 산업을 탐구해간다면, 투자자로서 목표했던 수익률을 충분히 올릴 수 있다"는 것이다. 접근하는 각도와 해석은 달라도 결국은 나의 몫이다. 노력해도 어려운 시장이지만, 그 노력이 꾸준히 쌓여 체화되기 시작한다면 그 효과는 상상 이상일 것이라고 톰과 제리 모두 강조하고 있다. 아침 일찍부터 시작된 일과를 마치고 퇴근하는 길이 천근만근이고 늦게까지 이어졌던 비즈니스 모임의 피로가 아직 가시지 않은 묵직한 몸이라도, 스마트폰을 꺼내 오늘의 경제 기사와 눈여겨보던 산업 리포트를 눈 비비고 찾아보는 당신이라면, 투자에 대한 열정이 분명 당신을 레벨업시키고 있음이 분명하다. 톰과 제리는 멀리서나마 그런 당신의 투자 인생에 "Bravo your Life!"를 외치며 응원하고 있다는 점, 잊지 않았으면 좋겠다.

마지막으로 책의 서문을 마치면서, 돈에 대한 관점을 일깨워주신 부모님, 많은 기도로 응원해주시는 대치동 부모님, 물심양면으로 도와주신 이진우 소장님, 연합인포맥스의 배상훈 본부장님 그리고 묵묵히 응원을 보내주는 아내와 나의 보물 미.리.아에게 무한한 감사와 사랑을 드린다.

2021년 9월 20일
여의도 단골 카페에서,
톰과 제리를 대표하여
제리 김민수

Contents

추천의 글 · **4**

서문 2022년 주식시장을 이기는 빅 인사이트 15가지 · **6**

1장 2022년의 주식시장, 도대체 어떻게 될 것인가?
: 톰과 제리의 첫 번째 주식 대전망

Q1 2022년, 상승할 것인가? 하락할 것인가? · **19**

Q2 코로나19는 시장에 계속 영향을 끼칠 것인가? · **64**

Q3 2022년 시장에 큰 영향을 끼칠 주요 이슈는? · **84**

Q4 그래서, 주식 비중을 늘려야 하는가? 줄여야 하는가? · **112**

2장 2022년의 선택과 집중, 어디에 무엇에 할 것인가?
: 톰과 제리의 두 번째 주식 대전망

Q1 삼성전자, 더 사도 되는가? 지금이라도 팔아야 하는가? · **125**

Q2 현대차, 더 사도 되는가? 지금이라도 팔아야 하는가? · **139**

Q3 선택해야 한다면, 네이버인가? 카카오인가? · **148**

Q4 참 어려운 경기민감주, 지금이라도 사는가? 아니면 파는가? · **159**

Q5 2022년, 특히 집중해서 봐야 할 섹터와 업종은? · **169**

Q6 2022년까지 꾸준히 비중을 늘려야 할 종목 3가지를 꼽는다면? · **189**

3장 2022년 시장에서, 특히 기억해야 할 매매의 기술
: 톰과 제리의 세 번째 주식 대전망

Q1 그래도 장기투자여야 하는가? 단기투자는 안 되는가? • **207**

Q2 가치주만이 살 길인가? 테마주는 해선 안 되는가? • **225**

Q3 차트 분석은 주식투자에 필수적인 기술인가? • **234**

Q4 손실 중에 있는 종목, 물타기를 해야 하나? 손절매를 해야 하나? • **247**

Q5 개인투자자는 정말 주식투자로 성공할 수 있는가? • **259**

1장

2022년의 주식시장,
도대체 어떻게 될 것인가?

: 톰과 제리의 첫 번째 주식 대전망

Q1

2022년,
상승할 것인가? 하락할 것인가?

 톰 의견 전망에 너무 매달리지 말자

투자자는 미래를 알고 싶어 한다. 당장 내일부터 시작해서 먼 미래의 상황까지 정확히 알고 싶어 한다. 투자자는 미래를 알기 위해 '예측'이라는 도구를 사용한다. 이러한 미래 예측 가운데 특히 투자자들의 자금이 걸린 주식시장의 상승과 하락을 예측한다는 것은 상당히 어려운 영역에 속한다. 이는 소위 '전문가'라고 불리는 사람들에게도 쉽지 않은 문제이다. 그런데도 많은 투자자는 미래를 전망하려고 다양한 노력을 기울인다.

그렇다면 이러한 예측에 대해 투자의 대가들은 어떤 생각을 가지고 있을까? 다 같이 살펴보자.

다행스럽게도 위대한 투자자인 워런 버핏과 피터 린치 등은 미래 예측에 대한 명확한 답을 우리에게 제시해주고 있다. 주식투자자가 시장 예측과 기업 분석에 시간을 할애할 때, 대부분의 시간은 기업 분석에 집중하고, 시장 분석에 대해서는 아주 적은 시간만 할애하라는 것이다. 일부 대가들은 심한 경우 '시장 예측 무용론'까지 이야기하기도 한다.

그런데 국내 일부 증시 전문가는 시장 예측을 잘하면 주식투자에 성공할 수 있을 것처럼 이야기하기도 한다. 그러면서 경기, 금리, 환율 등의 흐름을 잘 이해해야 한다고 강조한다. 안타깝게도 이 말에 따라 많은 투자자가 시장 분석에 힘을 쏟고 있다.

이제 이러한 문제를 냉정하게 생각해보자. 주식시장을 예측한다는 것은 미래에 일어날 문제를 검토하고 전망하는 것을 전제로 한다. 그리고 시장의 방향과 이에 더해 종목의 시세까지 예상한다는 것은 모두 미래를 예측하는 것이다. 그런데 시장의 미래를 예측하고 또 이를 바탕으로 종목의 미래까지 예측하기까지는 불확실한 변수가 너무 많다. 그리고 이러한 예측된 투자가 성공하려면 모든 변수가 투자자의 예측과 꼭 맞아야 한다는 문제가 생긴다.

여기서 근본적인 문제를 생각해보자. 기본적으로 예측의 영역은 사회과학에 속한다. 사회과학에서는 예측을 원활히 하기 위해 수많은 변수를 단순화하는 작업을 한다. 그 과정에서 자연스럽게 오류가 스며들게 된다.

한편 미래에 대한 예측은 자신의 경험 한도에서만 할 수밖에 없다는 문제를 내포하고 있다. 따라서 이러한 점을 인지한 투자의 대가들은 시장을 전망하는 것이 '쓸데없는 일'이라고까지 이야기하는 것이다. 전망이 실제로 맞을 확률은 지극히 낮을 수밖에 없다는 것이다.

그럼에도 2022년 주식시장을 조심스럽게 예측한다면 일방적인 상승이 아닌, 상승과 횡보를 반복하는 박스권에 갇힌 시장이 전개될 가능성이 크다고 생각한다. 냉정하게 말해 투자자들이 2020년 주식시장의 호황을 빠르게 잊는 것이 오히려 2022년 투자에 도움이 된다고 본다. 2020년은 주식시장에 자주 오지 않는 특이한 상황이었다는 점을 투자자는 인정해야 한다. 따라서 당시 주식시장에 뛰어든 수많은 소위 '동학개미'들은 이례적이었던 현상에 투자의 생각이 머물러서는 안 된다. 주식이 긴 시간 강력하게 오르는 시장은 역사적으로 볼 때 그리 많지 않다(통상 강력하게 상승하는 시장을 강세장이라고 부르는데, 강세장은 자주 그리고 길게 오지 않는 특성을 지니고 있다).

그러면 이제 박스권 시장이 예측되는 가운데, 투자자들은 어떻게 행동해야 할지에 대해 알아보자.

꾸준히 오르기만 하는 주식시장이 아니라 오르고 내리고를 반복하는 주식시장에서 수익을 내기 위해서는 먼저 주식투자를 하는 이유와 목적을 명확히 되새겨야 한다. 뚜렷한 이유와 목적이 없다면 변동성이 큰 주식시장에서 버티기가 쉽지 않기 때문이다. 가장 위험한 주식투자자 중 하나는 소위 '주식으로 팔자를 고쳐보겠다'는 절대적인 확신을 갖고 있는 사람이라 할 수 있다. 안타깝게도 주식은 팔자를 고치는 해법

기획재정부		보도자료	
보도일시	배 포 시	배포일시	2020. 6. 25.(목) 10:30
담당과장	정책조정국 정책조정총괄과장 천재호 (044-215-4510)	담당자	장준희 사무관 (044-215-4513) jang1jh@korea.kr

「제8차 비상경제 중앙대책본부 회의」 개최

○ 먼저, 종합소득, 양도소득과 별도로 분류과세되는 '금융투자소득'을 신설, '22년부터 적용해 나가고자 함

- 즉, 모든 금융투자상품에서 발생하는 소득을 하나로 묶어 동일한 세율로 과세하고, 금융투자소득 내에서는 손익통산(소득과 손실금액의 합산) 및 3년 범위내 손실의 이월공제를 허용

- 주식양도소득은 금융투자소득에 포함하여 과세하되, '23년부터 소액주주와 대주주 구분 없이 과세하고 다만 주식시장에 미칠 영향을 고려하여 상장주식 양도소득은 연간 2,000만원까지 비과세(공제)하고자 함

○ 또한 금융투자소득 개편은 금융투자소득 과세에 따라 늘어나는 세수만큼 증권거래세를 단계적으로 인하하여 세수중립적으로 추진코자 함

- 이에 증권거래세 세율(현 0.25%)은 '22년, '23년 2년간에 걸쳐 총 0.1%p 인하되어 '23년에는 0.15%의 거래세만 남게 됨

☞ 결과적으로 주식 투자자의 상위 5%(약 30만명)만 과세되고 대부분의 소액투자자(약 570만명)는 증권거래세 인하로 오히려 세부담이 경감될 전망임

☞ 오늘 발표한 개편방향은 공청회 등 의견수렴 과정을 거쳐 7월말 최종 확정안을 마련, 「2020년 세법개정안」에 포함하여 정기국회에서 입법 추진하겠음

자료: 기획재정부

이 되지 못한다. 이는 엄격한 과거 통계가 이야기해주고 있다.

위의 자료는 2020년 정부가 주식 양도 차익에 대해 과세하겠다고 발표한 뒤, 큰 반발에 부닥치자 "주식투자로 실제 이익 내는 사람은 전체 투자자의 5%밖에 안 된다"며 공식적으로 내어놓은 보도자료이다.

이러한 정부 발표는 매우 신뢰감이 높다. 이를 억지로 무시하려 해서

도표 2. 주식투자자의 최근 손익 현황(1990~2021년)

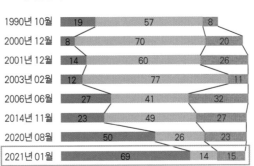

질문) (현재 주식투자자에게만)
　　[연초: 작년 한 해 동안, 연중: 올해] 주식에서 이익을 보셨습니까, 손해를 보셨습니까?

자료: 한국갤럽

는 안 된다. 또 다른 자료를 보자([도표 2] 참조).

이는 갤럽이 2021년 1월 국민을 대상으로 설문조사한 자료이다. 이 자료에서 2020년과 2021년을 제외한다면 실제 주식 수익률이 대체로 매우 저조하다는 것을 알 수 있다.

냉정한 현실이 이러한데, 이를 알려고 하지 않고 오히려 이를 외면하도록 부추기는 언론의 자극적인 홍보 문구에 넘어가는 투자자들이 있다는 것이 큰 문제이다. 일부 언론은 다양한 이유로 투자에 성공(?)한 극소수의 투자자를 내세워 보편적으로 누구나 투자를 잘할 수 있는 것처럼 포장하기도 한다.

투자자가 가장 경계해야 하는 것 중 하나는, 다른 사람들의 성공 방식을 그대로 답습하는 것이다. 일반적인 세상일처럼 소위 성공한 사람을 답습하면 그와 똑같이 돈을 벌 것 같은 생각이 들기 때문이다.

하지만 필자(톰)는 주식시장에서는 그런 방식이 좋은 방법이 되지 않는다고 생각한다. 주식시장이란 솔직히 운도 상당 부분 작용하는 것이어서 누구에게나 보편적으로 똑같이 행운이 반복되는 경우는 거의 없다고 보는 것이 합리적일 것이다. 주식투자에서 한 사람의 성공을 운과 실력으로 명확하게 구분하기는 매우 어렵다. 대세 상승장에서는 대부분의 투자자가 수익을 쉽게 내지만, 반대로 대세 하락기에는 웬만한 실력으로도 수익을 내기가 쉽지 않다. '돈을 벌었다'는 광고를 보면, 특정 기간에 벌었다고 이야기하지 수년간 등락을 거치면서 돈을 벌었다고 하는 경우는 많지 않은 이유를 투자자라면 가슴 깊이 새겨야 한다.

2020년 들어 주식시장에는 '주린이(주식+어린이)'라는 신조어가 등장했다. 이 말 또한 잘 새겨볼 필요가 있다. 만약 주린이라고 주식시장이 적당히(?) 봐준다고 생각한다면 큰 오산이다. 대부분의 주린이들은 '투자의 유아기'를 겪게 된다. 이는 통상 아이들에게서 발견되는 유아기의 상황과 비슷한 현상을 말한다.

어린이	옷	엄마, 나 오늘 무슨 옷 입어야 해?
주린이	주식	전문가님, 무슨 종목 사야 하나요?
성인	옷	내가 알아서 입을게!
투자자	주식	내가 종목을 찾아서 투자할게!

이제 상황이 보이는가? 주린이는 빨리 현재 위치에서 벗어나 주관적으로 모든 것을 판단하는 성인이 되어야 한다.

자, 본론으로 돌아가보자. 시장은 예측이 아니라 대응의 영역이라는 점부터 알아야 한다. 즉 시장을 섣불리 예측하려 하기보다는 각 시장 상황에 맞게 대응 시나리오를 수립하는 것이 더 중요하다. 대부분의 투자자가 시장을 예측하려고만 하지 대응책을 수립하려고 하지는 않는다. 상승 예측이 나오면 좋아하고 하락 예측이 나오면 마냥 손 놓고 있다. 하락에 대한 대비책을 세울 생각은 하지 않고 그저 바라만 본다. 그리고 계좌 관리를 어찌 하겠다는 생각을 잘 하지 않는다. 시나리오 수립이란 주가 상승기뿐만 아니라, 특히 주가 하락기에 어떻게 내 계좌를 관리할 것인가를 고민하여 계획을 세워두는 것을 말한다.

계좌 관리라는 단어가 생소한 투자자들도 있을 것이다. 주식투자는 그저 잘 사서 잘 파는 것이라고만 생각하는 투자자일수록 계좌 관리라는 말이 이상하게 들릴 것이다.

주식시장에서 수익은 중요하지만, 원금을 지켜가면서 돈을 벌 기회를 포착하는 것이 더 중요하다. 그래서 계좌 관리를 강조하는 것이다. 계좌 관리의 1순위는 수익보다 원금 보존이다.

균형 있는 계좌 관리를 하기 위해서는 주가 상승 시보다 하락 시의 관리가 더욱 중요하다. 이것이 많은 투자자가 간과하고 있는 부분인데, 이제부터라도 이러한 부분에 더욱 신경을 써야 한다.

시장은 의외의 변수로 살아 있는 생명체와 같이 움직임을 나타낼 것이다. 상승하든 하락하든, 그에 맞는 계좌 관리법을 정립하는 데 더 많은 시간을 쏟기 바란다. (상승과 하락에 대한 대응법은 뒤에서 다시 다룬다.)

이러한 말을 서두에 하는 것은 시장 예측이 제대로 맞아 들어간 경우가 거의 없기 때문이다. 다양한 기관에서 시장 전망을 내놓고 있지만, 여기에 귀 기울이기보다 대응을 어떻게 해나갈 것인가에 더 집중하기 바란다.

 제리 의견 **상승한다**

코로나19 시대, 돈의 흐름을 찾아서

(엄밀히는 2019년 말부터지만) 2020년부터 시작된 코로나19의 바이러스 공포는 현대사회의 근간을 흔드는 파괴에 가까웠다. 내가 바이러스에 감염될 수 있고, 내가 걸린 바이러스가 전파되어 사회와 국가, 나아가 전 세계를 뒤흔들 수 있다는 공포는 점점 더 고도화되어가던 인류 문명에 큰 충격을 던졌다. 이는 경제활동만큼이나 중요한 경제 주체의 심리를 빠른 속도로 위축시켰다. 한 국가를 넘어서 글로벌 경제에도 (당연한) 충격과 변화를 가져왔다.

경제에 미치는 파장은 미국의 GDP 성장률의 급진적인 변화에서도 잘 나타난다. 지난 제2차 세계대전과 같은 물리적인 충돌이나 1970년대 유가 파동, 2008년 금융위기 때의 경제 타격보다 더 큰 심각성을 보여주었다. 오늘보다 내일이 더 찬란할 것이라 믿고 질주하던 글로벌 경제라는 열차는 폭풍우로 철로가 끊긴 상황에서 기장마저 쓰러져서 내

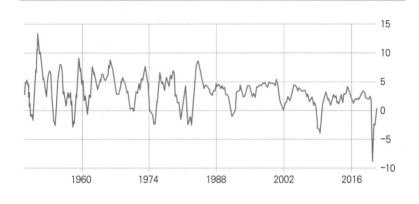

자료: tradingeconomics.com | U.S. Bureau of Economic Analysis

려야만 하는 상황이 되었다. 더 이상 달릴 수 없는 열차를 움직이기 위해 팔을 걷어붙인 건 글로벌 중앙은행이었다. 열차를 크레인으로 끌어올려 통째로 다음 역까지 옮겼던 2008년 금융위기의 경험이 있는 터라, 이번에도 가차 없이 헬리콥터와 크레인을 가동했다. 터질 듯 가득 찬 현금 보따리를 싣고 재난 지역을 향해 갈 때는 비장한 마음이었을 것이다.

미국 연준(연방준비제도, Fed)은 2008년 금융위기 충격을 '기준금리 인하'와 '양적 완화'라는 두 가지 카드로 선제적으로 대응했다. 이후에도 [도표 4]와 같이 상당히 오랜 기간 저금리 기조를 이어갔다. 저성장과 일본식 디플레이션 우려가 커진 상황에서 경제를 다시 일으키는 불씨를 살리기 위한 연준의 고뇌가 충분히 드러났다.

2016년 이후 완전 고용에 가까운 고용 시장의 변화가 이어지자 드디

도표 4. 미국 기준금리 변화 vs. 시중 통화 M2 추이

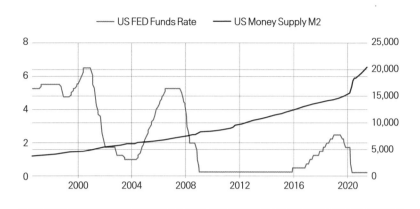

자료: tradingeconomics.com

어 금리를 올리기 시작했다. 미·중 갈등과 글로벌 교역 위축 우려에도 연준은 꾸준히 제 갈 길을 걸었다. 하지만 전대미문의 전염병 공포에 연준은 다시 빠르고 강한 '돈 풀기'로 회귀했다. 여기서 주목해야 할 포인트는 돈의 흐름과 관련한 두 가지이다.

첫째, 빠르게 풀린 돈의 변화이다. 이전에도 꾸준히 증가하던 시중의 유동성(M2)은 이번 코로나19 사태에서 더욱 가파른 속도로 증가한다. 예전에 보지 못한 강력한 유동성이었다. 이는 지난 2008년 금융위기 당시의 양적 완화와 비교해볼 때, 채권 매입 대상과 금액 등에서 차이가 있다. 2008년 금융위기 당시 공급했던 유동성은 대부분 유동성 위기를 겪던 금융권이 주요 대상이었다면, 이번 2020년의 양적 완화는 재무부를 통한 가계로의 직접 수혈이라는 데 차이가 있다. 즉 재난지원금 형식으로 미국 가계에 3차에 걸친 현금이 지급되면서, 직접 유입

도표 5. 미국 시중 통화 M2 추이 vs. S&P500 추이

자료: tradingeconomics.com

된 현금은 시중 유동성의 급증이라는 직접적이고 분명한 결과를 가져
온다. 그사이 직장을 잃고 막막한 상황에 고민하던 시민들은 일단 극
단적인 심리를 벗어나 안정을 찾고 지급된 현금을 아껴 쓰며 코로나19
사태를 지켜보게 된다. 이 과정에서 저축률은 늘어나게 된다. 좀 더 특
이한 현상은 제3차 현금 지급이 이뤄졌을 때, 미국의 온라인 증권사 계
좌 개설 수가 많이 늘어난 점이다. 즉 지급된 현금의 활용이 저축의 개
념에서 확장해 투자로 넘어가는 현상이 나타난 것이다.

이는 생필품 조달 등 기본 생활에 대한 고민을 덜게 되어 좀 더 적극
적인 여유 자금 활용에 대한 고민으로 넘어가게 됐음을 뜻한다. 돈을
조금이라도 더 불려, 불확실한 미래를 대비하겠다는 의욕이 투자로 연
결된 것이다. 부동산과 실물 자산 등에도 관심이 높아졌지만, 비대면
계좌 개설과 온라인 거래가 충분히 가능하기에(쉬운 접근성) 이는 주식

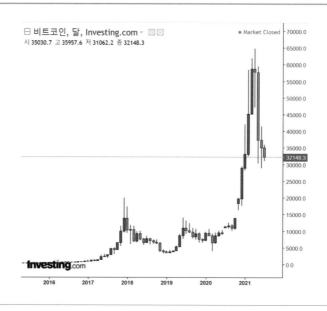

투자와 가상화폐에 대한 관심으로도 이어졌다. 가상화폐에 대한 열기는 시중 유동성이 급증하기 시작하는 초반에 상당히 뜨거웠다. 실생활에서 가상화폐를 결제 수단으로 채택하는 업체들이 늘어나면서 지난 2017년에 보였던 열기마저 넘어서게 되었다.

하지만 가상화폐는 그 시세의 확장이 한풀 꺾인 채 현재는 변동성을 키우고 있다. 여기에는 여러 가지 이유가 있겠지만, 개인적으로는 화폐의 지위에 도전하는 것에 대한 중앙은행의 압박이라고 본다. 중국과 미국이 국가의 패권으로 대변될 수 있는 자국 통화에 대한 위협을 그대로 둘 리 없다. 따라서 글로벌 정부의 제재가 계속 이어지자 가상화폐에 대한 관점이 '화폐'에서 '기타 자산'으로 바뀌고 있다. 물론 앞으로도 블록체인 기반의 가상화폐 및 디지털 보안 상품들은 여전히 관심을 끌겠지만, 확장과 규제 사이에서 그 본질적인 가치를 두고 변동성은 계속 확대될 것이다.

이렇듯 열기가 한풀 식은 가상화폐와는 달리 주식시장은 막강한 유동성과 함께 여전히 굳건하다. 물론 "미국 시장이 크게 올랐다", "밸류에이션 부담이 많다", "향후 테이퍼링 및 미국의 금리 정책에 따라 조절되는 유동성으로 인해 영향을 받을 수 있다" 등 다양한 의견이 나올 수 있지만 꾸준히 성장하는 기업의 실적과 그에 따른 배당금, 자사주 소각 등으로 실질적인 기업 가치를 상향시키는 변화를 고려할 때 여전히 2022년에도 주식투자에 대한 관심은 높을 수밖에 없다.

둘째, 돈의 흐름을 좇아 확인해야 할 부분은 기준금리 추이이다. 앞서 미국의 장기 기준금리 추이에서도 확인했듯이 미국 연준은 경기 상황을 고려해가며 물가와 고용 동향을 체크하고 금리를 조절해간다. 최근에는 급격히 풀린 유동성으로 인해 폭등하는 물가에 대한 부담이 커지면서 고용만 안정된다면 다시 유동성을 흡수하고 금리를 올려 정상화할 것이라는 예측이 대세를 이루고 있다. 빠르면 2022년 말부터 금리가 인상될 것이라는 예상까지 나오고 있다. 과연 예상대로 연준은 금리를 서둘러 인상할까? 여기서 몇 가지를 고민해볼 필요가 있다.

먼저 급등하는 물가에 대한 부담이다. 2021년 4월부터 미국 소비자물가지수는 전년 동기 대비 3% 이상 상승세를 보이면서 6월에는 급기야 4.5%대 상승으로 빠르게 상승했다. 하지만 여기서 우리는 작년 동

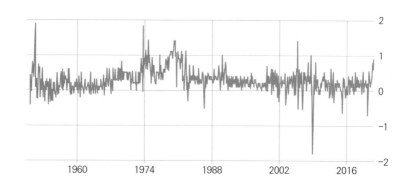

자료: tradingeconomics.com ┃ U.S. Bureau of Economic Analysis

기 대비, 즉 코로나19로 경제가 본격적으로 타격을 받던 시가와의 비교
라는 점과 소비자물가지수를 구성하는 항목에 주의를 기울일 필요가
있다.

작년 동기 대비가 아닌 지난달 대비 물가 상승률을 비교해보면 상승
세가 뚜렷하지만 과거 수준에 비해 일정한 궤도가 이어지고 있다는 점,
소비자물가지수 항목 중에 중고차가격지수가 급등해 전체 물가 상승분
의 1/3을 넘었다는 점에 주목해야 한다. 즉 코로나19 사태로 인한 공급
병목 현상이 자동차에도 이어지는 가운데, 차량용 반도체 품귀 현상까
지 겹치다 보니 자동차 제조사들의 차량 출하가 지연되었다. 이에 따라
대체재인 중고차에 수요가 몰리는 현상이 나타나 이와 같은 물가지수
의 왜곡을 불러일으켰다. 이런 상황이 계속 이어지면서 물가 수준을 계
속 끌어올리리라 보기는 사실 어렵다. 최근 연준의 파월 의장이나 옐
런 재무장관이 일관되게 '물가의 일시적 상승'에 대해 이야기하는 것도

이와 밀접한 관계가 있다.

하지만 좀 더 중요하게 관찰할 부분은 생산자물가지수이다. 생산자물가지수 상승은 제품 가격의 상승을 이끌어 시차를 두고 소비자물가지수에 반영된다. 따라서 유가 등의 에너지와 원자재 가격의 고공 행진 및 해상운임지수 등의 상승세가 여전히 강하다면 이는 소비자물가지수를 끌어올리는 부메랑으로 작용한다. 따라서 단기적인 물가 상승 부담은 정체되겠지만 중기적으로는 생산자물가지수의 영향을 계속 확인할 필요가 있다.

또 하나, 금리 정상화를 위해 거쳐야 할 부분이 고용 회복이다.

코로나19 사태의 충격에 따라 실업률이 급증했다가 다시 안정세로 이어지겠지만 아직 고용 시장의 회복은 더디다. 지난 완전고용 수준까지 회복하기 위해 살펴봐야 할 것은 풀타임 고용이 꾸준히 늘어날 것

도표 8. 미국 실업률 vs. 풀타임 고용 추이

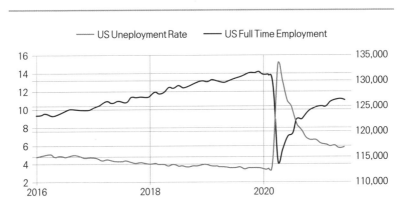

자료: tradingeconomics.com

인가 하는 고용의 질 부분이다. 미국인은 정부에서 지급되는 현금 덕분에 생활에 여유가 생기면서 빠르게 일자리로 돌아가기를 주저하고 있다. 체인점에서도 일손이 모자라다 보니 높은 시간당 임금을 제시하지만 아직 빠른 고용이 나타나고 있지 않다. 그만큼 노동자의 의지가 적극적이지 않은 가운데 기업 또한 고정비를 늘리는 풀타임 고용에 대해서는 좀 더 계산기를 두드리는 입장이다. 게다가 IT 기술의 발전으로 비대면·온라인화가 트렌드로 자리 잡으면서 무인화·공장 자동화의 바람이 인력 수요를 상대적으로 줄이게 만들었다. 따라서 과거와 같은 완전 고용까지 가기에는 더 많은 시간이 걸릴 가능성이 커졌다.

결론적으로 유동성에 따른 물가 상승세와 점진적인 고용 회복이 이뤄지긴 하겠지만 연준의 금리 변화를 위한 기준점까지는 좀 더 많은 시간이 걸릴 수 있다. 게다가 금리 상승이 이어진다고 해도 기조적으로

도표 9. 미국 기준금리 추이(장기)

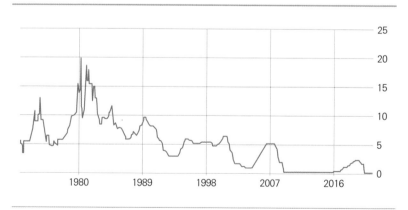

자료: tradingeconomics.com | Federal Reserve

빠른(급격한) 금리 상승으로 이어질 가능성은 낮다.

　제조업 중심의 경제에서 어느 정도 유지될 수 있었던 과거의 경제 성장률과 저성장이 고착화된 글로벌 경제의 현재 흐름을 비교해볼 때, 과거와 같은 금리 수준으로 돌아가기는 어렵다. 4차 산업혁명과 친환경을 필두로 한 산업 부흥이 경제 성장의 동력이 될 수 있다 해도 과거와 같은 폭발적인 글로벌 성장을 이끌어내기는 어렵다.

　결과적으로 코로나19 사태가 다시 금리를 내리고 유동성을 크게 끌어올렸다고 하더라도 이의 회수는 생각보다 빠르지 않을 것이다. 그렇다면 2022년을 바라보는 투자 환경은 여전히 유동성을 기반으로 꾸준히 기회를 엿보는 상황이 펼쳐질 것이다.

그렇다면 한국에서의 돈의 흐름은?

　지금까지 미국과 글로벌 중심으로 시장의 돈의 흐름을 살펴봤다. 그렇다면 한국은 어떨까?

　우리나라 또한 코로나19 사태 이전부터 경제 성장의 하향 정체와 기조적인 기준금리 하락세를 이어왔다. 그만큼 유동성은 풍부해져 시중의 자금은 계속 늘어나고 있다. 이는 마찬가지로 부동산과 실물 자산의 상승을 주도하고 있다. 하지만 미국의 유동성 급증과 주식시장의 상승률과 비교해본다면 아직 국내 주식시장은 그만큼 가파른 상승이라 보기 어렵다.

　[도표 11]을 보면 미국 S&P500의 상승은 시중 통화량(M2) 상승세

도표 10. 한국 기준금리 추이 vs. 연간 GDP 성장률

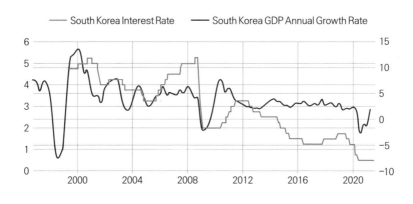

자료: tradingeconomics.com

도표 11. 한국 시중 통화량(M2) vs. 코스피지수 추이

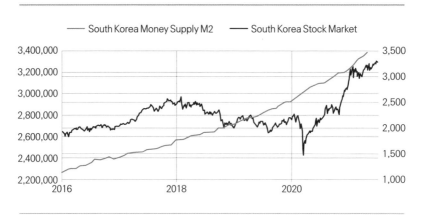

자료: tradingeconomics.com

보다 더 빠르게 상승했다. 하지만 한국의 경우 여전히 주가 상승률이
M2의 상승세 아래에 있다. 2020년부터 주식시장이 많이 올랐다고는
하지만 여전히 풀린 유동성의 힘을 볼 때 주식시장으로의 유입 가능

성은 크다. 아직 부동산 불패 신화와 주식에 대한 부정적 인식이 주식 시장의 유입 가능성을 제한하는 것은 사실이다. 하지만 정부의 강력한 부동산 규제 정책 속에서 여전히 떠도는 시중 유동성은 주식시장으로의 유입 기회를 노리고 있다. 2021년 5월 기준 한국의 시중 통화량 (M2)은 3385조 원으로 전 월(3363조 6000억 원)에 비해 21조 4000억 원 (0.6%) 증가했다. 가계 부문의 M2는 전 월보다 6조 7000억 원 늘어난 1651조 4000억 원이다. 가계의 유동성으로만 봐도 2021년도 한국의 정부 예산(558조 원) 대비 거의 3배나 되는 금액이다. 이를 바탕으로 한국내 주식시장으로의 자금 유입은 과거와 다른 변화를 가져왔다.

본격적으로 코로나19 영향권이 이어졌던 2020년 3월 이후부터 2021년 7월까지 코스피와 코스닥 양 시장을 합쳐 개인은 120조 원 가까운 매수세를 보였다. 게다가 여전히 주식을 사려고 대기하는 고객 예탁금도 70조 원에 육박한다. 2020년 이전 고객 예탁금 20조 원대와 비교하면 3배 이상의 규모다. 좀 더 쉽게 표현하면 1년 넘게 120조 원 가

도표 12. 2020년 3월 이후 투자자별 매매 동향 vs. MMF 자금 동향

시장구분		개인	외국인	기관계
코스피	매도	33,663,457	8,570,332	8,823,304
	매수	34,648,428	8,158,337	8,254,247
	순매수	984,971	-411,995	-569,057
코스닥	매도	35,854,281	3,513,170	1,114,371
	매수	36,072,027	3,502,894	987,609
	순매수	217,746	-10,276	-126,762

자료: 메리츠증권HTS

까운 주식을 매수하고도 여전히 70조 원 가까운 자금을 대기시켜 주식 매수 타이밍을 보고 있는 상황이다. 과거와 다르게 개인이 '투자로서의 주식시장'을 다르게 바라보고 있다는 방증이다.

그렇다고 해서 주식시장의 주인이 개인으로 바뀌었다고 보기는 어렵다. 이유는 주식시장이 그만큼 상승해서 시가총액이 커졌기 때문에 외국인이 매도했다고 해도 여전히 코스피에서 외국인의 보유 비중은 35% 가까이 된다. 외국인과 기관은 여전히 더 많은 정보와 선물옵션 등의 파생상품 시장의 장악을 통해 시장의 방향에 대한 영향력을 강하게 발휘한다.

그럼에도 예전과 달리 하루에 1조 원 이상 외국인이 매도해도 시장의 충격과 변동성은 제한되는 현상을 자주 목격한다. 게다가 또 다른 트렌드는 주식형 펀드에서 자금이 유출되고 개인이 직접 주식을 매매하려는 경향이 높아지고 있다는 점이다. 과거에는 시장이 상승세를 보이면 간접형 투자 상품인 주식형 펀드에 관심이 높았지만, 지금은 지수 대비 수익률과 매매 회전율, 펀드 수수료를 꼼꼼히 따져본 뒤 내가 공부해서 내 투자금을 챙기겠다는 의욕이 변화를 이끌고 있다. 초기에는 남들이 다 주식을 하니까 얼떨결에 주식시장으로 들어왔던 개인들도 내 자산을 불리겠다는 열의로 공부를 하기 시작하면서 '스마트한 개미'로 변하고 있다. 몇 년 전만 하더라도 "지금 무슨 종목 사면 수익이 나나요?"라고 문의하던 투자자들이 이제는 기업 내용과 업황에 더 관심을 보인다는 건 긍정적인 변화이다.

그렇다면 이런 상황에서 시장이 여러 가지 이슈로 하락했을 때 지금

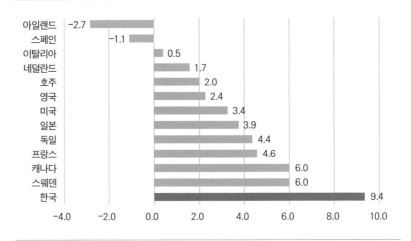

자료: 국제결제은행(BIS)

과 같은 증시로의 자금 유입은 줄어들까? 앞서 확인되는 유동성의 힘을 고려하면 시장의 하락을 기회로 이용하려는 경향 또한 높아질 수 있다. 여기서 생각해볼 부분은 최근 한국은행의 변화이다. 급증한 시중 유동성의 부작용과 가계 부채의 증가 속도를 우려하며 미국의 금리 변화와 관계없이 선제적으로 금리를 올릴 수 있다는 입장으로 선회하고 있다.

코로나19 사태를 겪으면서 부채 증가의 변화를 볼 때 다른 국가는 재정 지출이 증가하면서 정부 부채가 뚜렷하게 늘어났지만, 한국은 가계 부채의 증가 폭이 크다. 이전부터 가계 부채 급증에 따른 부담이 꾸준히 제기되어왔지만, 코로나19 사태 속에서 유독 증가세가 커졌다. 소득 대비 그리고 GDP 증가세 대비 커진 부채 증가율은 한국의 자영업자

비율이 상대적으로 높은 상황과 부동산 가격이 빠르게 올라가면서 이를 부채를 활용해서라도 매수하려는 심리 등이 작용한 결과로 보인다. 이에 대한 우려로 한국은행이 선제적인 관리에 들어갈 가능성이 커졌다. 하지만 기준금리 동향([도표 10])에서 확인한 것처럼 빠른 금리 인상은 오히려 서민의 경제 부담을 늘리고 더 큰 부실화를 초래하며 후유증을 키울 수 있기 때문에 금리 인상 속도 또한 급격하게 나타날 가능성은 제한되리라고 본다. 따라서 가계 부채 급증에 대한 경계는 나타날 가능성이 크지만 시중 유동성을 급격히 죄어오는 한국은행의 급진적인 금리 정책 변화는 중기적으로 나타날 가능성이 낮다.

2022년 한국 기업의 체력·실적 변화

지금까지 유동성 측면에서 확인했다면 이제는 실질적인 기업들의 실적 변화 가능성에 대해 초점을 맞춰보자. 코로나19 이전 한국 기업들은 2017~2018년 좋은 성적을 보였다. 단연 삼성전자 중심의 메모리 반도체 호황을 톡톡히 누리며 실적의 성장세를 이루었다. 하지만 반도체를 제외한 여타 업종은 이러한 성장세를 따라오지 못했다. 업종의 쏠림 현상이 심했다. 그 이후 미·중 무역전쟁이 가시화되면서 수출 주도의 한국 기업은 상대적인 위축을 보였다. 특히 영업이익의 위축세가 뚜렷한 수익성의 고민이었다. 이런 상황에서 2019년 하반기를 기점으로 글로벌 경기의 회복 기미와 함께 2020년도에 대한 실적 회복에 대한 기대감을 키우던 도중 코로나19라는 복병을 만나게 되었다.

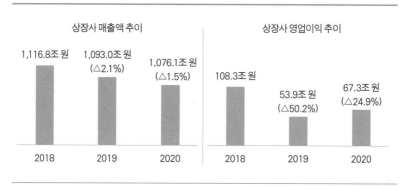

자료: 한국경제연구원

하지만 막상 바이러스와 전쟁을 펼치는 2020년에 오히려 한국 기업의 체력은 더 부각되었다. 매출의 감소세는 예상보다 크지 않았고 오히려 IT 중심으로 특화된 기업 체질이 하반기 수익성을 개선하는 변화를 가져왔다. 코로나19로 인해 온라인·비대면 비즈니스가 중요해졌고, 이의 글로벌 투자가 빠르게 이어지는 가운데 수혜 대상인 반도체, 플랫폼 및 IT 기업의 실적이 호전되었다. 결국 2020년 영업이익은 2019년에 비해 빠르게 개선되는 결과를 보였다. 2021년에는 드디어 코로나19의 기저효과와 함께 위축되었던 실물 경기가 기지개를 켜면서 경기 민감 섹터까지 훈풍이 부는 산업의 고른 실적 개선 효과가 나타났다.

2021년 상반기까지의 실적을 고려해보면, 2021년 기업 실적은 반도체 호황기를 보인 2017~2018년에 육박할 것으로 보이고 2022년 또한 한 단계 높은 실적을 보여줄 것으로 기대된다. 특히 지적받아 왔던 반도체 중심의 한정된 섹터의 실적 견인을 넘어 전(全) 산업의 호조세가

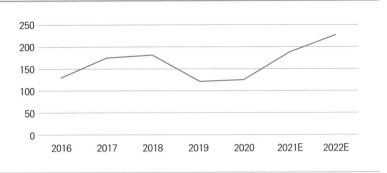

자료: 키움증권

도표 16. 한국 수출 vs. 수출 물가 추이

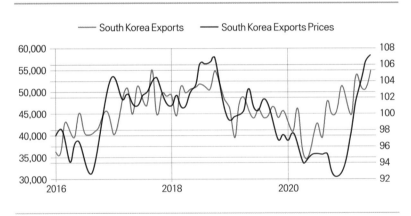

자료: tradingeconomics.com

2022년까지 나타날 가능성이 크다. 이는 최근 발표된 한국의 수출 동향에서도 잘 나타난다.

수출(Q) 호조에 이어 수출 단가(P)까지 함께 좋아진다면 수출을 주도하는 한국 기업들의 실적 전망은 당연히 청신호일 가능성이 크다. 그렇

도표 17. OECD 경기선행지수 추이 vs. 미국 및 중국 제조업 지표(PMI)지수 동향

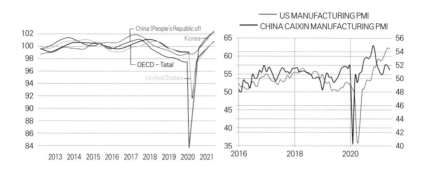

자료: TradingEconomics.com

다면 2021년에 이어 2022년 또한 기업의 이익이 늘어나는 국면에서 주가는 당연히 긍정적인 반영과 추세를 이어갈 가능성이 크다.

수출이 계속 좋아지면서 기업 실적 또한 좋아질 수 있을지 확인하기 위해 꾸준히 살펴봐야 할 지표가 OECD 경기선행지수와 미국과 중국 G2의 제조업 지표 동향이다. OECD 경기선행지수는 코로나19 사태 이후 V자 회복을 이어가고 있는 가운데 OECD 국가 중 한국이 가장 높은 회복세를 보여주고 있다. 한국 기업의 체력을 다시 한번 증명하는 지표 중 하나이다. 하지만 미국과 중국의 제조업 지표는 상반기까지 빠른 회복을 보이다가 정체를 나타내고 있다. 특히 중국의 제조업 지표의 부진이 눈에 띄는데, 이는 친환경 트렌드의 강화와 과열을 우려한 중국 정부의 정책적인 변화가 영향을 준 것으로 보인다. 하지만 동력이 떨어진다 싶으면 다시 지급준비율 인하를 감행하는 등 여전히 강약을 조절하는 흐름을 고려할 때, 중국 또한 제조업 경기가 급격히 후퇴할 만

한 요인은 크다고 보기 힘들다.

추가해서 한국 기업 실적에 대한 자신감을 이어갈 몇 가지 요인을 살펴본다면 다음과 같다. **첫째, 미국을 필두로 한 서방 국가들의 중국 견제가 오히려 한국 기업에는 기회 요인이 될 가능성이 크다.** 미국은 그동안 세계의 공장 역할을 자처하며 성장세를 이어오던 중국이 막대한 지원과 보조금을 동원해 첨단 산업 중심으로 비약적인 변화를 도모하는 것을 강한 위협으로 느끼고 있다. 이의 견제가 필요하다고 느낀 미국은 트럼프 전 대통령의 정책을 이어 바이든 행정부에서도 공정 단계에서 중국을 배제할 움직임을 이어갈 가능성이 크다. 그렇다면 이 제조업의 중간 역할을 할 대체 국가의 지위는 누가 이어갈까? 동맹으로 꼽히는 한국, 대만 등이 수혜 대상이 될 가능성이 크고 그와 함께 IT뿐만 아니라 전통 산업에서도 높은 기술력을 가진 한국에 점진적인 수혜가 이어질 가능성이 크다.

소재나 기술력에서 일본의 역할론도 떠오르긴 하지만 신산업에 대한 이해력과 추진력은 한국 기업들이 오히려 강점을 보인다. 대표적으로 첨단 산업에 필요한 반도체와 친환경을 위한 필수재로 떠오른 2차 전지 분야의 경쟁력만 놓고 보더라도 글로벌 밸류 체인의 흐름상 한국 기

도표 18. 글로벌 밸류 체인 내 한국의 변화

글로벌 기업	⇒	한국 기업	⇒	글로벌 기업
설계		소재, 중간재, 중간 가공		판매

제리와 함께 공부해볼 기업

2차 전지

에코프로: 대기 환경 저감 물질 + 자회사 가치(에코프로비엠 48%, 에코프로GEM, 에코프로INNO, 에코프로CNG)

피엔티: 롤투롤 장비(2차 전지 매출 비중 60%), 산업용 코팅 장비 + 국내 배터리 3사 납품 및 SAFT(프랑스 최대 배터리 업체) 공급 + 동박 생산 장비 강점

업이 그 주요 역할을 대체해 나간다고 본다.

두 번째, 서비스 산업의 약진이다. 과거 한국은 제조업 중심의 산업 구조로 글로벌 경기 사이클에 따라 기업 실적의 위축과 약진이 반복되는 상황에서 주가와 시장 또한 이를 답습하는 박스권의 패턴을 보여왔다. 하지만 최근 들어 플랫폼 기업과 서비스 산업 성과가 확인되면서 사이클에 의존하는 기업 구조를 점진적으로 탈피해가고 있다.

그 대표적인 예가 엔터테인먼트(이하, 엔터) 산업과 콘텐츠 산업, 게임 산업의 변화이다. 이제 빌보드 차트에서 BTS의 인기를 확인하는 건 어려운 일이 아니다. 이를 통해 팬덤을 플랫폼화하는 구조로 발전시켜 단순한 음반 판매를 넘는 이익의 확장 국면으로 발전시켜나가고 있다. 콘텐츠 또한 넷플릭스 등에서 확인된 경쟁력을 바탕으로 메타버스로 이어지는 콘텐츠 산업의 변혁을 꾸준히 주도할 가능성이 크다.

중국이 콘텐츠나 게임 산업에서 판호(版号, 중국의 게임 서비스 허가권)와 한한령(限韓令, 중국 내 한류 금지령)을 빌미로 한국에 대한 견제를 이어간다는 건 그만큼 한국 산업의 경쟁력이 강하다는 방증이다. 이와

제리와 함께 공부해볼 기업

엔터테인먼트

하이브: BTS 의존 리스크, 플랫폼(위버스)으로 전환 + 이타카홀딩스 기대(저스틴 비버, 아리아나 그란데 등 소속)

YG PLIS: 음반을 굿즈로 인식, 판매량 증가 추세 + 음반 및 음원 유통 주력 수혜 시각

연관되는 K푸드 및 K화장품도 동반적인 수출 확장세가 나타날 가능성이 크다. 나아가 바이오 산업의 확장세와 전기차 및 수소 경제 등 친환경 산업의 변화를 고려할 때 한국 기업의 이익의 질과 성과가 더욱 기대되는 시점이다.

마지막으로 글로벌 경기 부양책이 본격 시행되었을 때 한국 기업의 실적 변화 가능성이다. 아직 미국 정부는 인프라 투자와 추가 부양책을 두고 의회와 신경전을 벌이고 있지만, 조만간 시행될 가능성이 크다. 게다가 유럽이나 인도, 남미 등의 신흥국들 또한 아직 코로나19 사태의 여파로 고생하고 있지만 떨어진 경제 동력과 심각해진 고용 회복을 위해서는 인프라 투자와 같은 경기 부양책이 시행될 가능성이 크다. 그에 따라 경기 민감 섹터에 강한 경쟁력을 보유하고 있는 철강, 화학, 조선, 해외 건설 및 플랜트 등의 한국 기업은 그에 대한 수혜 및 직접적인 수주 증가 가능성이 커질 수밖에 없다. 사실 한국의 기업 실적이 2022년도에 얼마나 성장한다고 숫자로 명쾌하게 제시하거나 계산하는 것은 필자의 능력 밖의 일이다. 하지만 전반적인 글로벌 상황을 고려할

때 2020년 코로나19 사태에서 입증된 한국 기업의 경쟁력은 2022년도에도 기대하는 성과를 낼 가능성이 크다고 본다.

2022년 외국인은 한국 주식을 살까?

지금까지 유동성과 기업 실적에 관해 이야기하면서 궁금해지는 것은 그러면 '왜 외국인은 한국 주식을 안 사고 계속 팔까?' 하는 점이다. 외국인은 코로나19가 본격화된 2020년 3월 이후부터 2021년 7월까지 40조 원이 넘는 순매도를 보였다. 기업 이익이 꾸준히 늘어나고 유동성도 충분하다면 당연히 한국 주식을 매수해야 하지 않을까? 그렇다면 2022년에도 외국인은 한국 주식을 외면할까?

첫째, 한국을 신흥국 관점에서 대응하는 외국인의 시각이다. 한때는 외국인 매매의 기준을 환율 변화에서 많이 찾았다. 달러화가 강세로 가면 위험 자산 선호 심리가 약해지고 상대적으로 원화의 약세가 이어져 보유 주식의 평가손을 입기 때문에 한국 주식을 매도하는 경향이 높았다.

하지만 [도표 19]처럼 달러화는 코로나19 초기 잠시 강세를 보였을 뿐 2020년에 비해서 약세인 상태이다. 그런데도 외국인이 꾸준히 순매도를 보였다는 것은 단순한 환율 문제일 개연성은 떨어진다. 결국 한국을 개별 국가로 대응하기보다 MSCI(모건스탠리캐피털인터내셔널) 지수에서 신흥국 비중으로 대응했다고 봐야 한다. 즉 상대적으로 코로나19 사태에 따른 피해가 신흥국 중심으로 여전한 상태에서 백신 보급 등

변화가 빠르게 이어지기 전까지는 관망세가 이어질 수밖에 없다는 점
과 신흥국 내에서도 중국의 비중이 커지고, 사우디아라비아 등 여타 국
가가 신규로 편입되면서 상대적으로 한국의 입지가 줄어든 상황이 외
국인의 매도를 설명할 수 있다.

따라서 2022년에도 신흥국의 전반적인 상황과 중국의 신흥국 내 비
중 확대가 계속 이어진다면 여전히 외국인의 한국 주식 매수는 요원할
수 있다. 하지만 필요조건이 아닌 충분조건으로서 달러화가 기조적으
로 다시 약세를 이어가고(달러 인덱스 기준 90 이탈 등), 신흥국의 여건이
개선되기 시작한다면(코로나19 피해 회복 및 백신 접종률 증가 등), 신흥국 내
에서 한국 시장을 바라보는 외국인의 시각은 변화될 수 있으리라 본다.

**두 번째는 외국인의 한국에 대한 밸류에이션(valuation, 가치 평가) 관
점이다.**

도표 20. 코스피 밸류에이션(PER, PBR), 2021년 7월 16일 기준

지수명	종가	대비	등락률	PER	PBR	배당수익률
코스피	3,276.91 ▼	9.31	-0.28	18.31	1.30	1.74
코스피 200	434.82 ▼	1.94	-0.44	17.16	1.36	1.93

자료: 한국거래소(KRX)

코스피지수의 주가수익비율(PER)은 2021년 7월 특정 시점 기준으로 18배 이상, 자산 대비 시가총액은 1.3배로 나타난다. 이는 2020년도의 코스피 상장사 실적을 기반으로 한 PER이기 때문에 2021년 더 좋아질 기업 실적까지 반영한 선행 PER로 보면 11배 정도로 추정된다. 하지만 이 수치 자체가 외국인의 입장에서는 낯설게 보일 수 있다. 과거 한국 증시에 대한 시각은 실적과 자산 가치 저평가를 보이긴 하지만 북한과의 지정학적 리스크, 글로벌 경기 사이클에 따른 기업 이익의 급변 구조로 접근하다 보니 오히려 지금과 같이 빠르게 상승한 주가를 비중 축소의 기회로 삼는 관점으로 대응한다고 보인다.

하지만 한국 기업의 이익 체질이 과거와는 달라지고 있고 오히려 장기적인 이익 전망치가 꾸준한 우상향으로 바뀔 수 있다는 확신이 든다면 외국인의 입장도 당연히 바뀔 가능성이 크다. 게다가 생각보다 높은 기업 실적 성장률을 꾸준히 보여준다면 당연히 계산되는 PER도 내려갈 수밖에 없다. 이런 전반적인 상황이 단기간에 이어질 변화는 아닐 수 있다. 하지만 예상보다 높은 기업 실적 성과와 2022년에도 기업 실적의 확장세가 뚜렷하다면 한때 한국 시장을 가치주로 바라보던 시각

이 성장주로 보는 시각으로 바뀔 가능성도 있다. 2022년에 그려지는 기업 실적에 따라 외국인의 시각이 이렇게 바뀔 개연성은 충분히 있다고 본다.

2022년 유가·환율·금리의 변화

유가 또한 코로나19 사태를 맞으며 급격한 변화를 겪었다. 경제의 위축은 (당연히) 원유 수요의 위축이란 관점에서 유가 또한 충격을 받은 뒤 회복세를 이어왔다. 여타 원자재와는 달리 유가의 경우, 급하게 상승하면 물가를 끌어올리는 인플레이션 부담으로, 빠르게 하락하면 경기 위축의 전조로, 그 시점에 따라 다양하게 해석될 수밖에 없다. 결국 경제 회복세를 반영하며 완만한 상승세를 이끌 것인가가 핵심이겠지만, 2022년에는 유가에 영향을 미칠 요인이 상당히 많다.

석유는 과거부터 에너지 패권과 국제 정세에 많은 영향을 받아왔다. 산업혁명 이후 제조업의 가속화가 이뤄지면서, 더 빠른 성장을 위한 에너지원인 석유에 대한 관심과 이의 확보 경쟁은 가장 큰 이슈였다. 그로 인해 제2차 세계대전 이후 미국 중심으로 재편된 글로벌 패권은 주요 산유국인 중동과 남미를 주요한 에너지 동맹으로 여기고 글로벌 관계를 이뤄왔다. 그 이후 산유국 중심으로 결성된 OPEC(석유수출국기구)과 러시아를 중심으로 원유 공급량이 결정되면서 출렁이는 유가의 변화가 글로벌 경제에 크게 영향을 끼쳤지만, 기술이 발전해 그동안 경제성이 낮았던 셰일 오일의 채굴이 가능해지면서 미국도 에너지 자립이 가능해졌고 상대적인 유가에 대한 의존도 또한 낮아졌다. 이 가운데 코로나19 사태를 맞아 좀 더 계산이 복잡해진 게 현실이다.

따라서 향후 유가의 움직임과 함께 지켜봐야 할 부분은 **첫째, 국제적인 관계이다.** 미국은 유가가 빠르게 상승해서 물가 상승 압력이 커지는 것을 원치 않는다. 하지만 OPEC과 러시아 등의 산유국에게는 낮은 유가가 국가 재정과 운영에 도움이 되지 않는다. 따라서 이의 균형이 어떻게 이뤄지는지가 관건이다. OPEC 플러스(OPEC 회원국과 비OPEC 산유국들의 협의체)는 그동안 감산으로 어느 수준까지 올라온 유가를 보며 생산량을 늘리려는 계획인데, 미국은 그동안 압박을 가했던 대표적 산유국인 이란과 베네수엘라에 새로운 방향으로 접근할 가능성이 크다. 즉 미국은 새롭게 구성되는 이란 정부와는 핵 협상과 원유 수출 재개로, 미국과 배척되는 정책을 시행한 이후 경제가 힘들어진 베네수엘라와는 관계 개선과 원유 생산 재개 등으로 원유 공급을 유도하면서 유가의 빠른 상승을 제어할 가능성이 크다.

둘째, 글로벌 친환경 정책의 변화이다. 최근 유가 회복세에도 불구하고 미국 릭스(Rigs, 시추기)의 시추 건수가 예전보다 빠르게 상승하지 않고 있다. 유가 동향보다는 정책 변화에 더 신경을 쓴다는 방증으로 보인다. 즉 바이든 행정부 출범 이후 과거와 달리 화석 연료 생산 업체에 대한 정책적 지원을 없애고 오히려 화석 연료와 탄소 배출에 대한 규제를 강화한 결과이다. 특히 전력 생산에서 향후 친환경 에너지원의 비중이 커질 가능성을 고려하면 상대적으로 원유 생산에 대한 관심은 떨어질 가능성이 크다.

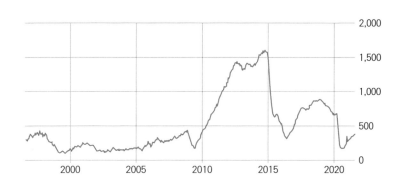

자료: tradingeconomics.com | Baker Hughes Company

하지만 아직은 친환경 에너지의 전력 생산 비용과 단가가 충분히 경제적이라고 보기 힘들기에 규모의 경제를 이룰 만큼의 신재생에너지 분야로의 빠른 투자가 향후 관건으로 보인다. 즉 추진 중인 미국의 인프라 투자 법안의 통과와 이를 통한 친환경 투자의 강화로 원유 수요를 점진적으로 대체해나갈 수 있느냐를 중기적인 변화 요인으로 확인해야 한다.

결론적으로 기술적인 부분까지 고려한다면 유가는 코로나19 이후의 경제 정상화와 함께 회복세가 이어진다고 해도 지난 2018년의 주요 고점인 75달러에 안착할 수 있느냐가 중요하다. 안착한다고 해도 친환경 부문의 투자와 에너지원 대체 과정을 고려할 때 지난 고점권 105달러를 돌파할 가능성은 작다. 따라서 2022년을 바라보는 시각으로 유가는 주요한 지지권과 저항권인 50~80달러 사이에서 국제 정세와 친환경 투자의 속도를 가늠하며 움직이리라 본다.

자료: 메리츠증권HTS

   유가의 기조적인 상승세가 이어지면 변화가 나타나는 섹터가 해운·조선·건설업이다. 점진적인 유가 상승으로 경기 회복에 대한 기대가 반영되고 물동량이 늘어나면 해운업에 대한 관심이 커져왔다. 하지만 실질적인 비용 측면에서 유가 상승은 연료비 부담으로 이어진다는 점과 급증한 물동량을 충분히 소화하지 못해 지연이 이어지고 있는 현 상황〔급증한 운임 상승(P)에도 불구하고 선적(Q) 지연〕은 해운업의 실적에 중요한 변수가 될 것으로 보인다.

   조선업의 경우, 해운 운임이 고공행진을 하다 보니 이를 비즈니스 기회로 활용하기 위한 선박 발주가 늘어나면서 조선업 또한 수주가 증가하게 된다. 아직 과거 2008년의 호황과 수익성의 영광을 재현하기에는 해양 플랜트의 신규 수주와 기존 저가 수주분의 정리, 후판 등 원자재 가격 급등분 관리가 관건이긴 하지만, 수주 산업의 특성상 앞으로 좋

도표 23. 상하이 컨테이너선 운임지수(SCFI, 좌) vs. 발틱 해운 운임지수(BDI, 우) 추이

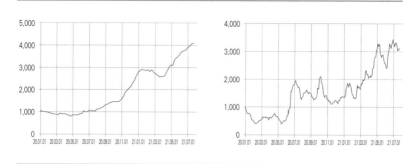

자료: 한국관세물류협회

아질 실적과 LNG선·VLCC(초대형 원유 운반선) 등의 고부가가치 선박 수주, 국제 해사 기구의 친환경 규제로 인한 선박 교체 수요 등을 고려했을 때 국내 조선사의 실적은 개선에 무게를 두고 중기적인 전략을 짤 필요가 있다.

과거 유가의 기조적인 상승은 해외 건설, 해외 플랜트 수주에 기회 요인으로 작용했다. 하지만 최근 유가의 상승세에도 해외 건설 수주는 크게 살아나지 못하고 있다.

이는 유가의 변화보다는 코로나19로 인한 경제 셧다운의 여파가 더 큰 탓으로 보인다. 이는 오히려 코로나19의 안정 이후 이연된 해외 수요의 급증, 떨어진 경제 동력과 높아진 실업률을 안정시키기 위한 정부 차원의 인프라 중심 경기 부양책이 이어질 때 수주의 기회가 급격히 올라갈 가능성이 크다. 따라서 이 변화 가능성을 체크하면서, 수주가 확인된다면 기회로 활용하는 전략으로 보아야 할 것이다.

환율 동향은 크게 달러화의 흐름을 주축으로 동향을 점검해볼 필요

도표 24. 2021년 상반기 기준 국내 건설사 해외 수주 동향

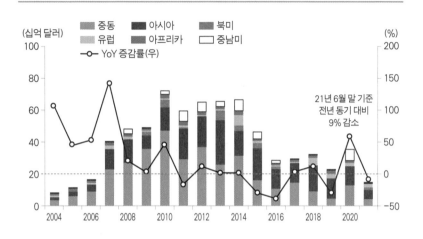

자료: 해외건설협회, 한화투자증권 리서치센터

가 있다. 코로나19 사태 이후 달러화는 안전 자산 선호로 잠시 급등한 이후 약세로 자리를 잡았다. 연준의 기준금리 인하와 대규모 유동성 공급 이후 자리 잡은 달러화 약세 기조는 90대를 기점으로 더 이상 뚜렷한 약세로 가지 못하는 상황이다.

지속되는 무역 적자, 경기 부양을 통한 재정 적자 악화 가능성에도 여전히 달러화가 더 약해지지 않는 이유는 여전히 유로존의 완화된 통화 정책 지속 의지, 코로나19 피해로 회복되지 못하는 신흥국의 시각이 작용하는 것으로 보인다. 게다가 최근 다시 고개를 드는 경기 부진 가능성 또한 달러에 대한 안전 자산 성향을 부추기게 된다. 하지만 미국의 인프라 정책 확정과 재정 집행, 백신 접종 증가로 인한 코로나19 사태의 안정이 이어진다면 달러화는 약세로 이어질 가능성이 있다.

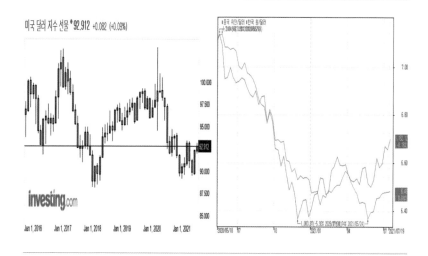

또한 중국 위안화와 거의 비슷한 움직임을 보여온 한국의 원화는 최근 안정된 위안화 대비 약세 폭이 두드러지게 나타났다. 한국은행이 2021년 하반기 금리 인상 가능성을 예고했음에도 불구하고 연중 고점(원화 약세)을 계속 이어갔다. 이는 좀처럼 떨어지지 않는 코로나19 확진자 수와 거리 두기 운동 강화, 7월 무역수지에서 나타난 무역수지 적자 반전(원자재 가격 급등으로 수입 급증)이 반영된 결과로 보인다.

아직은 추세적인 원화 약세로 굳어지리라고 보이진 않지만, 상당 기간 원화 약세가 지속된다면 주식시장의 외국인 수급 또한 긍정적일 수는 없다. 2020년부터 환율과 외국인의 상관관계는 많이 떨어졌다. 원화 강세에도 외국인은 오히려 한국 주식을 매도했다. 당연히 원화 약세가 이어진다면 외국인의 매도는 추가로 이어질 수밖에 없기에 주식시장의 단기 영향 가능성은 크다. 이럴 때 경기 피크아웃(peak-out, 고점 통과) 가능성, 호조를 보이던 수출 정점 가능성 등의 부정적인 뉴스가 같이 어우러져 시장은 꾸준히 상승해왔던 데 피로감을 보이며 조정 폭을 키울 가능성이 있다.

하지만 이와 같은 환율 변화를 필두로 이어지는 노이즈 확대를 오히려 단기 주식 비중 확대의 기회로 이용하는 데 무게를 두어야 한다. 시장의 악재 부각으로 변동성이 커질 때는 지나고 보면 관심 있던 기업의 주식을 싸게 살 기회였다는 점, 다시 한번 기억할 필요가 있다.

2022년, 주식의 시대

예전에 주경철 교수의 《대항해 시대: 해상 팽창과 근대 세계의 형성》이라는 책을 읽고 저자의 신선한 역사적 접근법에 놀라움을 느꼈던 적이 있다. 보통 '지리적 발견'을 서구 문명 중심으로 기술해왔던 데 반해 이 책은 동서양을 아우르는 '범지구적 항해 시대'라는 큰 틀로 이를 해석했다. 코로나19를 겪어내고 있는 주식시장에도 '대항해 시대'와 같은 편향적이지 않은 '주식의 시대'가 이어질 가능성을 제기해본다.

코로나19 이전의 글로벌 주식시장은 미국의 IT 기술주(FAANG)의 주도 하에 시장 지배력과 장기 확장성에 의문이 없는 성장주가 저금리 기조와 맞물려 시장을 주도했다. 코로나19 시대를 겪고 있는 지금도 더욱 커진 유동성의 힘과 함께 IT 기술주는 여전히 승승장구하고 있다. 물론 최근 미국의 반독점법 관련 이슈가 부각되면서 기술주의 확장에

도표 26. 2000년 이후 미국 나스닥 및 중국 상하이 종합지수 vs. 한국 코스피·코스닥 지수 추이

자료: 메리츠증권HTS

제동이 걸릴 가능성이 복병으로 작용하고 있지만 이미 생활 트렌드로 자리 잡아 유틸리티의 성격으로 변해온 대형 IT기업에 대한 견제는 그리 쉬워 보이진 않을 수 있다.

이 기업들에 비해 한국 기업은 상대적으로 관심을 덜 받았다. 하지만 꾸준히 경쟁력을 부각시켜온 성장 섹터 내의 한국 기업의 경쟁력은 더욱 빛날 가능성이 크다. 2022년에도 계속 주목받으리라 본다.

지난 2000년 이후 중국이 제조업 중심으로 빠르게 성장하면서 글로벌 시장에서 부각되기도 했지만 2015년 이후에는 주가의 동력이 떨어졌다. 미국과 동맹국 중심의 견제도 한몫했겠지만, 계획경제 중심의 중국 경제에 대한 회의론 등은 중국 증시에 대한 기대감을 떨어뜨리고 있

는 게 사실이다. 여전히 성장의 주도는 미국의 나스닥 기술주가 꾸준하고 강하게 이어왔다. 여기서 주목할 부분은 2020년 이후 코로나19와 함께 찾아온 한국 시장의 변화이다. 한눈에 봐도 절대 미국 시장의 상승세에 뒤떨어지지 않는 주가의 탄력을 보여주고 있다.

이를 가장 적극적으로 지지하고 든든한 버팀목으로 작용해온 매수 세력은 앞서 강조해왔던 100조 원 가까이 순매수를 해온 개인이다. 지금껏 외국인이나 기관이 사야 주가가 오른다는 통념을 과감하게 버리게 만든 중요한 변화이다. 이를 시장 왜곡으로 표현하면서 시장의 흐름을 부정해왔다면 당신은 아마 지금 주식을 거의 보유하지 못한 채 시장 하락만 기다리다 기회를 계속 놓쳐온 비관론자 중 한 명일 수 있다.

시장의 흐름에 유연하게 대처하지 못한 채 기존에 알고 있는 상식이 진리인 것처럼 대했을 때의 결과는 이번에도 여실히 잘 드러난다. 나는 주식이 없는데, 주가는 계속 오르고, 남들은 다 주식으로 돈 버는 것처럼 보이다 보니 뒤늦게라도 매수해야 하긴 하겠는데, 많이 오른 주가에 자신이 없어, 할 수 있는 일이라고는 주식으로 수익 낸 사람들에 대한 폄하와 시장 긍정론을 주장하는 (유튜브 속) 사람들에 대한 부정적 댓글뿐이다.

만약 개인들의 매수세가 시장을 왜곡시켰고 주가가 버블 수준으로 올랐다면 주가는 코스피 3300선은커녕 곧바로 곤두박질쳤을 것이다. 특히 공매도가 재개된 이후 먹잇감을 찾는 공매도 세력은 이를 그대로 두고 보지 않았을 것이다. 핵심은 과거 한국 증시의 밸류에이션으로 볼 때 비싸다고 볼 수 있는 현재의 주가가 미국 증시의 상승률과 보조를

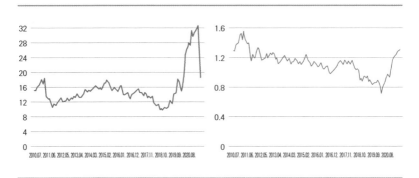

자료: KRX한국거래소

같이하면서 어떻게 여전히 상승세를 유지하고 있는가 하는 점이다.

한국 증시에 대한 지금까지의 평가 기준은 밸류에이션상 PER 12배, PBR 1.1배였다. 이 수치 이상 넘어가면 고평가 영역으로 간주해왔다. 국내 기업들을 분석할 때도 일반적으로 연간 순이익 대비 시가총액이 10배가 넘어가면 '싸다고 보기 힘들다'고 평가하는 게 관행이었다. [도표 27]이 보여주는 현재 주가 수준은 한때 PER 30배를 넘나들 정도였고 PBR 또한 과거 수준을 넘는 1.3배였다. 그렇다면 이를 이전처럼 고평가 영역이라고 봐야 할까?

이는 **첫째, 한국의 기업 이익에 대한 체질을 과거의 글로벌 경기 사이클로만 보지 않는다는 방증이다.** 즉 한국의 전통적인 제조업 중심의 산업 구조에서 IT 기업, 플랫폼 및 서비스 산업으로의 약진은 재평가받아야 한다는 것이다.

둘째, 기업 이익의 빠른 증가이다. 2020년 한국 기업의 실적 구조는

60

코로나19로 인해 매출은 위축되었어도 수익성은 오히려 증가하는 현상을 보였다. 2021년에는 글로벌 경기 회복세 속에서 매출 성장 재개와 그에 따른 큰 폭의 수익성을 기대하고 있다. 기저효과로 인해 2021년에 큰 호실적을 보였다고 하더라도, 2022년 역시 여전히 실적 확장세가 기대되는 상황이므로 빠르게 PER이 하락할 가능성이 크다. 이는 개선된 기업 체질과 함께 기업 경쟁력까지 다시 확인된다면 빠르게 하락하는 PER이 오히려 안전 마진이 될 가능성이 크다.

셋째, 한국 증시와 한국 기업을 성장주로 바라보는 시각의 확장이다. 즉 성장주의 개념답게 지금은 좀 비싼 밸류에이션이어도 1~2년 뒤 빠른 성장으로 이익이 급증한다면 당연히 지금 고평가된 부분은 좀 더 지켜볼 필요가 있다. 이에 대한 실적 동향이 확인된다면 오히려 매수세가 더해질 수 있다. 단적으로 미래 성장 산업으로 꼽히는 전기차, 2차 전지, 반도체, 친환경, 엔터, 게임 등에서의 한국 기업의 위상은 상당히 크게 높아졌다. 이를 반영하는 한국 증시는 당연히 성장 산업에 맞는 밸류에이션으로 평가해도 큰 부담이 없는 상황이다.

결론은 개인들만 주식을 사서 주가가 많이 올라 비싸 보이고, 그래서 삼성전자, 현대차 등이 좋은 실적에도 주가가 못 올라가는 것처럼 보여도 지금 비싸 보이는 주가가 유지되는 배경과 저력은 충분히 재조명해야 할 필요가 있다는 것이다. 따라서 한국의 대형 간판주가 당장 움직이지 않는다고 해도, 더 좋아질 실적과 성장에 대한 충분한 답을 해준다면 주가는 이를 반영하며 다시 상승할 가능성에 초점을 맞추고 싶다. 당장은 아니어도 확인만 되면 언제든 움직일 수 있는 주가로 바

도표 28. 코스피(좌), 코스닥(우) 연봉 추이

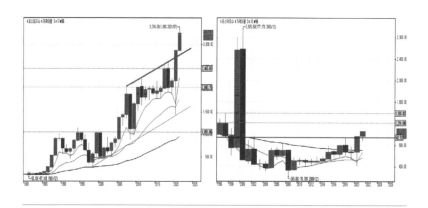

라봐야 한다는 것이다.

[도표 28]은 코스피·코스닥 지수를 연간 기준으로 나타내는 연봉 추이이다. 코스피의 경우 상승 확장대까지 돌파하며 강한 상승세를 보였다. 확장된 상승대가 주요한 지지권으로 작용한다면 3000P는 쉽게 밀리기 힘든 지수대가 된다. 유동성 효과와 함께 강한 상승의 기울기와 속도가 이어진 상황을 고려할 때 더 빠른 상승 탄력보다는 에너지를 보강하는 국면에 초점을 맞춘다. 즉 3000선 안쪽의 박스권 움직임 속에서 속도를 조절해가는 패턴이라면 상승할 때 추격해서 단가를 높이는 전략은 바람직하지 않다. 따라서 철저히 시장에 부정적인 뉴스가 커지면서 하락할 때 매수 기회를 잡는 전략이 좋아 보인다.

코스닥 시장은 좀 더 기대가 된다. 20년간 1000P의 저항에 갇혀 영원한 박스권처럼 보이던 시장에 변화가 찾아오기 시작했다. 코스닥 시장의 시가총액 상위 종목 또한 과거 바이오주의 주도에서 좀 더 다양해졌다. 게임주의 약진에 이어 2차 전지 소재, 콘텐츠주의 상승세가 두드러졌다. 향후 성장성을 예고한 산업의 변화를 반영한다면 이들 섹터의 종목들이 코스닥 시장을 더 주도하리라고 본다. 물론 조정이 이어진다면 코스닥 종목과 중소형주의 특성상 변동 폭이 커질 수 있다. 하지만 이익의 질과 성장성이 과거와 달라진 만큼 기회 또한 높다고 본다. 따라서 오랜 잠에서 깨어난 코스닥 시장은 1차로 1200선, 2차로 1400선을 향한 움직임이 좀 더 강화되는 2022년을 기대한다. 성장 섹터 산업에 대한 이해와 거기에서 주도적인 역할을 하는 기업의 실적과 동향을 체크해간다면 훨씬 더 좋은 수익률이 이를 보답하리라고 믿는다.

Q2

코로나19는
시장에 계속 영향을 끼칠 것인가?

 톰 의견 지속적인 영향을 줄 것이다

앞서 언급한 바와 같이 주식시장은 항상 다양한 요소들이 서로 영향을 주고받는 가운데 있다. 이들은 서로 유기적으로 얽히고설켜 종종 그 실타래를 풀기가 어려울 때도 있다.

2020년 코로나19라는 전대미문의 변수가 주식시장에 큰 파장을 불러일으켰다. 처음에는 단기간에 끝날 것처럼 보는 시각도 일부 존재할 정도로 파문에 대한 예측이 쉽지 않았다. 그런데 2021년 하반기 지금까지도 그 영향은 가늠하기 힘들 정도이며, 이제는 변이 바이러스라는

도표 29. 코로나19가 주식시장에 미친 영향

자료: 유진투자증권

문제까지 더해지면서 문제가 계속 커지고 있다.

그럼 코로나19 문제가 앞으로 주식시장에 어떠한 영향을 미치게 될까? 이렇게 계속 부정적인 영향을 줄까? 사실 코로나19라는 변수는 다른 변수들에 비해 훨씬 예측이 어렵다. 최근까지 인류가 경험해보지 못한 외부 변수인 데다 지구촌 전체에 걸쳐 다양한 영향을 계속 주고 있기 때문이다.

하지만 몇 가지 사항을 고려하여 전반적인 상황을 조심스럽게 예측해보자. 우리는 통상 최대한 객관적인 예측을 하려고 노력하지만, 자신의 경험과 현실 안에서만 할 수밖에 없는 존재들이라고 앞서 이야기했다. 경우에 따라서 대부분의 예측은 섣부른 행위가 되고, 실제 매매에서는 크게 도움이 되지 않는 사례가 많다는 사실도 알아야 한다.

그렇다면 예측이라는 행위는 절대 무의미할까? 설사 예측이 절대성을 가지지는 못한다 하더라도 예측하는 과정에서 다양한 변수의 성격을 이해하게 되고, 만약 예측과 실제 상황이 비슷하게 흘러가게 되면 더욱 쉽게 대응할 수 있게 된다.

일단 코로나19의 절대적인 영향력은 어느 정도 상실됐다고 생각한다. 2020년 주식시장을 강타한 문제는 이미 주식시장에 다양한 변수로 녹아 들어가 있다고 보는 것이 옳다.

그러면 이제 코로나19는 무시해도 좋은 변수일까? 그렇지 않다. 코로나19가 몰고 온 변화와 그로 인해 바뀐 우리의 삶에 대해서는 이제부터 충분한 논의를 시작해야 한다.

먼저 삶의 변화 부문을 생각해보자. 최근 우리 삶의 공간은 오프라인 부문이 많이 축소되고 온라인 부문이 크게 확대되는 과정을 겪고 있음을 쉽게 알 수 있다. 따라서 사회적 흐름과 맞는 기업은 이미 상당 기간 주식시장에서 관심을 받고 있으며, 해당 기업의 이익이 급증하는 경우 주가가 큰 폭으로 상승세를 시현하고 있다. 따라서 온라인과 관련된 사업은 그 확장세를 계속 나타낼 것으로 보인다. 이러한 점은 코로나가 몰고 온 삶의 방식 변화라고 이해해야 한다. 그동안 막연히 생각해왔던 재택근무나, 온라인 수업·강의·공연 등은 이제 우리 생활 깊숙이 하나의 트렌드로 자리 잡고 있다. 또한 이러한 삶의 방식은 과거로 돌아가기 쉽지 않은 상황이 되어 버렸다. 삶은 이렇게 변화해간다.

한편 코로나19와 직접적 관련이 있는 의약·의료 관련 업체들에도 관심이 집중되고 있다. 그런데 이는 일시적 상황과 더불어 중기적 관심 등으로 나누어 생각해봐야 한다. 이들은 크게 진단키트와 백신, 치료제 시장으로 나눌 수 있겠다. 가장 먼저 진단키트는 경쟁이 너무 격화되어 독점적인 영업이익을 나타내기가 쉽지 않다. 그러므로 이제부터는 과도한 관심을 갖지 않는 것이 좋겠다. 반면, 백신과 치료제는 지속적인 관심이 필요한 부분이라 할 수 있다. 이들은 높은 영업이익률을 안정적으로 유지할 수 있는 품목들이기 때문이다.

SK바이오사이언스 영업이익률

: 16.7%(2020년 12월) → 45.7%(2021년 6월)

삼성바이오로직스 영업이익률

: 25.1%(2020년 12월) → 40.4%(2021년 6월)

(위 수치는 백신 위탁 생산 후 늘어난 영업이익률이 반영된 수치임)

그럼 국내산 백신과 치료제는 개발 가능할까? 이는 이루어져야 하는 당위성을 넘어서 강력한 정부의 지원 하에 2021년 안에는 가능하리라고 본다. 현재 몇몇 기업의 가능성이 거론되고 있지만 이 중에서 성공 가능한 기업은 소수일 것이다. 임상 과정에서 조금이라도 틈이 보이는 기업은 냉정하게 관심을 접는 것이 좋을 것이다.

한편 투자자들의 고민 중 하나는 경기와 관련성이 높은 주식들에 관한 것이다. 이는 코로나19 이후 경우에 따라 큰 변화를 맞이할 수도 있기 때문이다.

먼저 미래는 무조건 첨단 산업에만 있는 것은 아니라는 점을 알아야 한다. 물론 그런 분야가 상대적으로 산업에서 차지하는 비중이 지금보다 커지긴 하겠지만, 첨단 산업이 모든 것을 이끌 수는 없다. 우리가 일상적으로 먹고 쓰는 것은 그것이 첨단이든 아니든 간에 필요한 요소로 인정하고 중요하게 받아들여야 한다.

그런데 이러한 기업의 이익은 경기 사이클에 따라 받는 영향이 크다. 따라서 코로나19 진행 상황과 더불어 경기의 움직임 등을 함께 고려해야 한다.

그렇다면 시장에 외부 변수가 영향을 미치는 기간은 통상 얼마나 될까? 그리고 이러한 경우에 대체로 어떻게 대응해야 할까? 투자자라면 이러한 상황을 종종 맞닥뜨리게 되는데, 이때 이를 잘 활용하면 큰 수익을 볼 기회가 된다.

외부 변수 중 문제가 되는 것은 긍정적인 상황보다는 부정적인 상황이다. 따라서 부정적인 상황이 연출될 때 어떻게 대응을 잘하느냐에 따라 수익률이 결정된다고 할 수 있겠다.

주식투자의 역사를 보면 의외로 많은 투자자가 주가의 폭락 시기를 기회로 삼아 과감한 투자를 해서 큰 수익을 챙긴 것을 알 수 있다. 주가 하락은 주식투자의 가장 기본인, 좋은 주식을 절대적으로 싸게 살 기회를 주기 때문이다.

그런데 주가가 하락하면 투자자는 극도의 공포감에 휩싸인다. 그래서 주식에 선뜻 투자하지 못하게 된다. 통상적으로 공포감이 커지면 기업 가치를 올바로 평가할 수 없게 되는 것이 인간의 심리이다.

역발상 투자

증시 격언에 "남들이 가지 않는 뒤안길에 꽃길이 있다"는 말이 있다. 이는 투자자가 대중과 다른 길을 걸을수록 수익이 높아질 수 있다는 뜻으로 많은 투자자가 이해하고 있다. 주식투자가 대중과 항상 동행해서는 큰 초과 수익을 내기가 쉽지 않다는 현실적인 지적이라고 할 수 있다.

이때 등장하는 세련된(?) 말이 '역발상 투자'이다. 이는 격언과 어우러지는 말로, 투자의 대가인 데이비드 드레먼이 그의 저서 《역발상 투자》에서 상세히 실증적으로 설명하고 있다.

드레먼은 책에서 의외로 역발상 투자는 아무 때나 하는 것이 아니라고 말한다. 그는 투자자가 아무 때나 역발상 투자를 하려 했다가는 상승 추세나 하락 추세 등에서 소외를 당할 수 있음을 강조하고 있다. 어떠한 추세든지 한번 형성된 추세는 쉽게 바뀌지 않기 때문이다.

그가 이야기하는 역발상 투자를 해야 하는 시점은 투자자들이 양극단으로 흥분할 때이다. 즉 상승과 하락의 극단에서 다수의 투자자가 그 추세가 계속 강화될 것이라고 생각하는 순간 오히려 냉정하게 반대로 돌아서야 한다는 것이다. 한편 역발상 시점을 정확하게 맞춘다는 것은 거의 불가능함을 알아야 하며, 결국 자신의 판단이 맞았다 하더라도 기존의 추세가 조금 더 연장되는 경우에는 자신이 시장에서 소외받는 기간이 생길 수 있다고 밝히고 있다. 이러한 점이 역발상 투자에 대한 일반적인 생각과 다소 다른 모습이라는 것을 알아야 한다.

이러한 점을 극복하기 위해서는 투자자가 우량 기업에 대해서 주가의 등락과 상관없이 사전에 기업 가치를 평가하고 있어야 한다. 그래야 더 객관적이고 즉각적인 투자가 가능해지기 때문이다.

그렇다면 이를 실행하기 위해서는 구체적으로 어떻게 해야 할까. 개인투자자가 주식시장이 하락할 때 즉각적인 대응을 하기 위해서는 사전에 투자하고자 하는 종목 풀(pool)을 작성해둬야 한다고 강조하고 싶다. 종목 풀에 들어 있다는 것은 이미 해당 기업에 대한 각종 분석을 마쳤다는 것을 뜻한다. 종목 풀을 가지고 있는 투자자는 주가가 하락했을 때 이미 분석을 해둔 것을 바탕으로 주식을 싸게 과감하게 매수할 수 있다.

종목 풀이 없는 투자자일수록 소신 있는 투자가 불가능해진다. 평소 기업에 대한 분석이 없기 때문에 기업 가치에 대한 기준점을 잡을 수가 없다.

삼성전자 시세가 8만 원인 상황에서 갑자기 일반 투자자에게 '싸다', '비싸다'를 결정하라고 하면 누가 그것을 제대로 판단할 수 있겠는가? 경력이 많은 전문가가 아닌 이상 쉽지 않을 것이다. 특히 사전 준비 없이 주가의 움직임만 보고 빠르게 분석해야 한다면 적절하게 대응하기 어렵다. 그래서 사전에 종목들을 분석해두어야 하는 것이다.

주식시장은 경기의 변동에 크게 영향을 받는다. 변동성은 주가를 크게 끌어올리기도 하고 끌어내리기도 한다. 이렇게 주가의 변동성이 커

기울어진 운동장 효과

투자자는 평소 기업의 가치를 냉정하게 평가하기 위한 노력을 많이 해야 한다. 하지만 이는 의외로 쉽지 않다. 투자자들은 주위에서 좋다고 하는 종목을 분석하는 경우가 많은데, 그러면 좋은 점을 찾아서 분석을 진행하게 된다. 나는 이러한 것을 심리적으로 '기울어진 운동장'이라고 표현한다.

기울어진 운동장을 바로잡기 위해서는 의도적으로 최대한 비판적(부정적)으로 분석해야 한다. 그래야 분석의 오류에서 벗어날 수 있다. 비판적으로 분석한 후에도 좋다는 결론이 나오면 그때 비로소 투자가 가능하다고 하겠다.

지면 투자자들은 주식을 싸게 살 기회도, 혹은 반대로 비싸게 매도할 기회도 얻게 된다.

그런데 이러한 행위를 하기 위해서는 사전에 해당 주식에 대한 명확한 기준이 있어야만 한다. 그렇지 않으면 시세에 휘둘려 냉정한 판단을 하지 못하게 된다. 인간은 감정의 동물이기 때문이다.

다시 이야기하지만 투자자가 사전에 관심 종목에 대해 충분하게 분석을 해두었다면 시장의 비극에 매수하여, 흥분에 매도할 수 있을 것이다.

그만큼 투자자는 부지런해야 한다.

 제리 의견 영향을 끼칠 것이나 영향력은 점진적 감소

쉽게 끝나지 않을 전염병과의 싸움

인류는 문명을 발달시키는 과정에서 자연에 대한 도전과 응전을 반복해왔다. 이런 도전 중 하나가 전염병이었다. 문명 발전을 위해 개인의 역량보다는 집단과 사회를 키워야 한다는 필연성이 강조되었지만, 간헐적으로 반복되었던 전염병은 오히려 가속화되는 집단화와 문명화에 대한 경고장으로 작용해왔다.

과거 인류에게 막대한 피해를 입혔던 대표적 전염병인 흑사병과 스

도표 30. 전염병의 영향력

질병	지역	기간	사망자
흑사병	유럽, 중앙아시아	1348~1350년	2억 명(유럽 인구 1/3)
스페인 독감	미국 발병 후 전 세계	1918~1920년	2500만 명

페인 독감의 영향력을 살펴볼 때도 치사율과 피해 지역이 상당히 광범위했다. 제1차 세계대전 당시의 사망자 1700만 명과 비교해봐도 물리적인 충돌 이상의 피해를 전염병이 일으켰는데, 이러한 상황은 인류가 대응할 수 있는 역경 그 이상이었다. 또한 전염병의 여파는 최소 3년간 이어졌다. 사망으로 인해 전염될 개체 수가 줄어들고, 자연 면역이 같이 이루어진 결과라고 볼 수 있다.

이번 코로나바이러스의 경우에는 과거와 다른 국가적 방역 체계와 발달한 바이오 기술로 인해 예전 같은 막대한 피해는 막을 수 있었지만, 전 세계 400만 명 이상의 사망자를 볼 때 전염병에 취약한 인류의 운명은 여전히 드러난다. 그와 함께 빠르게 개발된 백신과 접종의 효과가 어느 정도 기대되지만, 변이 바이러스의 확산 추이를 볼 때 종식이라는 단어를 쓰기에는 여전히 진행형이라고 말할 수밖에 없다.

한가지 주목할 상황은 감염병의 치사율과 전염성의 반비례 관계이다. 일반적으로 전염병은 치사율이 높으면 전염성이 약하고 치사율이 낮으면 전염성이 강한 특성을 가지는데, 코로나바이러스도 초기의 심각한 치사율보다는 전염성이 강해지는 단계로 넘어갈 것으로 보인다. 즉 '심각한 후유증과 함께 사망에 이르는 병'에서 '심한 감기'라는 인식으로 바뀌면서 당장은 '코로나19 극복 → 일상 정상화'보다는 서서히 조심스럽게 일상생활로 돌아가는 '위드(with) 코로나' 개념의 단계로 나아갈 것으로 보인다. 그리고 과거에 보인 전염병의 확산 기간과 한 국가가 아닌 전 세계의 백신 접종 속도까지 고려한다면 적어도 2023년은 되어야 정상 생활로의 복귀 가능성을 타진할 수 있으리라 본다. 그 과정에서 급격한 확산과 대유행, 그에 따른 간헐적인 지역 봉쇄는 여전히 감내해야 할 숙제로 생각된다.

전염병을 대하는 인간의 자세

코로나19 사태는 현대인의 삶에서 많은 부분을 바꾸었다. **첫째, 전염병에 대한 공포심과 그로 인한 스트레스의 영향력이다.** 자세히 나열되는 전염병의 증상과 실시간으로 집계되는 감염자 숫자는 정부의 통제와 거리 두기 운동 이상으로 삶을 움츠러들게 만든다. 마주 앉은 사람이 코로나19에 걸렸을지 모른다는 공포보다 우리를 더 위축시키는 것은 내가 코로나19 양성자로 판명되는 순간, 사회가 나를 더욱 차가운 시선으로 대한다는 사실이다. 자기관리에 실패한 자, 사회에서 격리되어야 할 원흉으로 치부된다. 현대판 주홍 글씨와 같은 낙인이 찍히지 않기 위해 더더욱 조심하게 된다. 그에 따라 왕성하게 이어오던 사회적 활동은 극심하게 위축될 수밖에 없고, 이는 개개인에게 심각한 심리적 위축과 스트레스를 일으킨다.

[도표 31]을 보면 글로벌 국가 모두가 코로나19로 인해 스트레스가

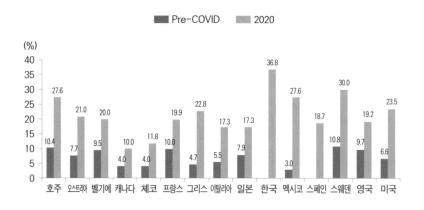

자료: 대한신경과학회

그 이전보다 상당히 많아졌고 그에 따른 우울증이 심해졌다는 것을 확인할 수 있다. 한국의 경우 지역적 집약도가 높고 수많은 미디어에서 관련 이슈를 쏟아내는 가운데, 사회적 관계를 더 중시하는 경향에 따라 스트레스의 강도는 더욱 극심하게 나타났다. 이는 향후 정신과 치료 및 상담이 증가할 개연성을 높인다. 한국의 경우에는 아직 정신과 치료라고 하면 '사회 부적응자'라는 이미지가 남아 있어서 치료를 터부시하는 경향이 높다 보니 치료율이 OECD 국가 평균 대비 1/20 수준인 4%밖에 되지 않는다. 이런 점을 감안할 때 향후 관련 치료제와 상담 및 인프라의 비약적인 발전이 이어질 가능성이 크다. 게다가 스트레스를 관리할 나만의 힐링, 특히 비대면으로 할 수 있는 분야에 대한 산업(반려동물, 식물, 키덜트, 공예, DIY 집 꾸미기 등)의 확대는 눈여겨볼 필요가 있다.

둘째는 전염병이 발병한 상황에 대한 고찰과 반성이 가져오는 삶의

제리와 함께 공부해볼 기업

반려동물 관련

노터스: 신약 비임상 CRO 주력 + 비이에스팜(동물용 의약품 도소매) 및 포스트
바이오(동물 진단) 관계사 보유

동원F&B: 뉴트리 플랜 브랜드로 펫푸드 시장 공략(2019년 대비 200% 매출 성장)

변화이다. 아침에 눈뜨면 출근 준비하고 어제와 다름없는 바쁜 일상생활을 하던 개인의 삶에 큰 단절과 변화가 찾아왔다. 사회 또한 오늘보다 내일이 더 풍요롭고 계속 발전을 거듭할 것 같던 당연한 인식에 변화를 맞이하게 되었다. 앞만 보고 내달리던 속도에 대한 회의감과 브레이크가 필요하다는 반성, 전염병이 발병하게 된 환경적 요인에 대한 분석 등으로 지금까지의 인류 문명에 대해 돌아보게 만들었다. 그에 따라 지금까지의 문명 발전에서 주변 및 환경에 대한 고찰로 생각이 넘어가면서 이상 기후와 탄소 배출에 따른 문제 인식으로 점점 더 문명에 대한 성찰이 확장해가는 단계에 접어들었다. 물론 EU를 중심으로 꾸준히 탄소 배출 감소 정책 등이 제기되고 있었다. 하지만 이를 무역 장벽으로만 보던 편향적인 시각도 존재했다. 이제 코로나19로 인해 점점 더 공감대를 펼쳐가면서 친환경 정책이 글로벌 트렌드로 자리 잡을 수 있는 상황이 마련되었다. 결국 명분과 실리에 대한 논란은 있겠지만 EU와 미국 중심으로 이어지는 친환경 트렌드는 가속화될 가능성이 크다.

셋째, 개인 건강에 대한 관심 증대와 비대면 현상의 확대이다. 장기

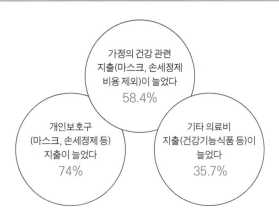

자료: 만 18세 이상 전국의 성인 1084명 대상, 서울대학교 보건대학원

화하는 전염병 시대에 특히 강조되는 것이 위생과 면역력이다. 초기부터 강조되었던 개인위생과 관련된 마스크, 손 세정제, 건물 출입구에 설치되는 체온계 및 자외선 살균기 등은 꾸준히 수요가 이어질 수밖에 없다. 하지만 낮은 마진과 진입 장벽으로 인해 오히려 공급 과잉이 우려된다는 점에서 관련 기업들의 실적에 미치는 영향은 그리 높지 않다.

그리고 비대면 상황에서 면역력을 높이기 위한 자기 관리 분야(홈트레이닝 및 자가 혈당 측정, 비만 측정, 웨어러블 기기 등) 및 건강 기능성 식품에 대한 관심은 더욱 커질 수 있다. 환경에 대한 관심이 높아지는 가운데 먹거리에 대한 관심까지 함께 상승하게 되면서 비건(채식) 및 대체 육류 분야 또한 성장이 두드러질 가능성이 크다. 특히 코로나19 확진자 수가 급증함에 따라 비대면 및 재택근무, 원격 화상회의 등의 필요성 증가로 관련 테마주가 언택트주란 시각으로 시장을 주도했다. 이는 사업의 특성상 초기 시스템 구축과 함께 매출은 초기에 크게 발생하지만 그 이후에는 유지·보수 중심의 실적만 나타나게 된다. 즉 초기에 보여주었던 폭발적인 매출이 지속될 가능성은 제한적이다. 오히려 코로나19 확진자 상황에 따라 간헐적으로 이어지는 셧다운 속에서 매출의 변동 폭이 커지는 업종과 직접적인 인력의 필요성이 낮아진 업종 중심으로는 무인화와 자동화가 가속될 가능성이 크다. 무인화와 관련된 KIOSK, 가속화되는 이커머스 시장을 고려할 때 관련 하드웨어·소프트웨어와 연관성이 높은 SI 업체, 공장 자동화 및 스마트 공장 관련

 제리와 함께 공부해볼 기업

산업 자동화, 무인화

아진엑스텍: 모션 제어 칩 주력 팹리스(반도체 설계) 업체 + 자동화 장비 제어기 국산화 및 제조용 로봇 제어기 증가에 따른 수혜

에스에프에이: 스마트 팩토리 솔루션 + 2차 전지 제조 라인 턴키 설비(수주 증가 확인 필요)

 제리와 함께 공부해볼 기업

건강 관련

노바렉스: 건강 기능성 식품 개별 인정 원료(37건) 1위 + 오창 공장에 이은 오송 공장 증설 완료

롯데정밀화학: 대체육의 고기 향과 식감을 위한 필수 재료 메틸셀룰로스 부각 + 매출 비중 2% 확대 여부

업체, 산업용 로봇 관련 업체 등은 중기적인 확장세가 이어질 가능성이 크다.

넷째, 이전보다 더 커진 정부의 역할이다. 《총·균·쇠》로 유명한 저자 재레드 다이아몬드는 《대변동: 위기, 선택, 변화》라는 저서에서 위기 상황에서 국가의 역할과 대처에 대한 다양한 시각을 이야기한다. 개인이 감내하기 힘든 위기가 다가오면 공포와 체념 속에서 국가를 바라볼 수밖에 없다. 역할이 커진 국가는 위기 극복의 명제 아래 다양한 통제와 질서를 강요한다. 이 과정에서 자칫 소외될 수 있는 개인의 자유와 재산권 침해는 대의명분 아래 감수할 수밖에 없는 현상으로 나타난다. 위기 이후 다 같이 나아질 것이라는 희망 아래 희생을 강요하는 국가의 힘은 생각보다 강력할 수 있다.

한번 커진 국가의 힘은 좀처럼 줄어들기 힘들다. 오히려 폭주하여 민족주의, 전체주의와 같은 과격한 편향으로 발전하거나 자칫 위기 극복에 실패해 국가적 관심을 다른 곳으로 돌리려는 이형화가 이어진다면 이는 통제하기 힘든 단계에까지 들어서게 된다. 나아가 다른 국가와의 다양한 갈등과 그로 인해 발생하는 물리적 충돌은 더 큰 개인의 피해를 양산할 수밖에 없다. 적정한 국가의 역할이 어디까지인가에 대해서는 사회 구성원의 이해와 합의가 좀 더 필요한 국면이다. 하지만 위기 극복 이후에도 자유민주주의의 근간을 흔들며 대의를 위한 개인의 희생이 당연한 것처럼 국가의 폭주가 이어진다면 오히려 이는 경계해야 한다는 생각이다.

어떻게 적응해나갈 것인가?

언제쯤 마스크를 벗고 자유롭게 돌아다닐 수 있을까? 마스크 없이 복잡한 거리를 거리낌 없이 걷는 여행자의 몇 년 전 영상이 오히려 부자연스럽게 느껴지는 지금, 일상으로의 복귀를 기원하는 마음으로 백신을 맞고 있지만, 어느 시점에 완전 종식되어 일상의 완전한 정상화 같은 훌훌 털고 넘어가는 단계는 사실상 기대하기 힘들다. 코로나19와 함께 살아가야 하고 조심하며 살 수밖에 없다는 개념으로 우리의 인식이 자연스럽게 바뀔 가능성이 크다. 따라서 보복 소비 심리 또는 폭발적인 콘택트 활동 같은 기대보다는 점진적인 변화에 무게를 두어야 한다.

과거 미국의 소비자들이 제2차 세계대전 이후 어느 부분에 가장 큰 소비를 했는지 확인해보자. 코로나19 사태가 전쟁과 비교된다면 이런

도표 33. 1940년 미국 개인 저축 동향(좌) vs. 제2차 세계대전 후 소비(우)

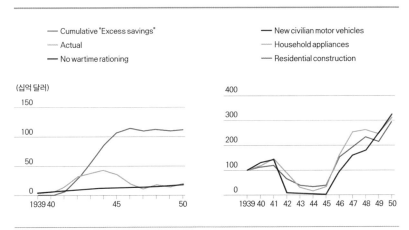

자료: Bureau of Economic Analysis; Barron's calculations

자료: Bureau of Economic Analysis; Barron's calculations

소비 트렌드도 향후 눈여겨볼 필요가 있다. 일단 늘려왔던 저축은 전후에도 급격하게 하락하지 않았고 수년에 걸쳐서 소비로 이어졌다. 전쟁이 끝났다고 급격한 소비로 전환되지 않았다. 그와 함께 자동차·가전·건설 부문에 전후 3년간 큰 폭의 소비가 이어졌다. 이를 현재와 연관해 본다면 가전 부문은 코로나19 사태로 수혜를 본 측면이 있으므로 강한 성장의 연장은 제한적일 수 있다. 그러나 전기차 중심의 친환경차 부문과 경기 부양책, 인프라 투자 확대로까지 연결될 수 있는 건설 부문의 변화는 확인할 필요가 있다. 또한 코로나19 이후 '가장 하고 싶은 것'에 대한 실문조사 결과도 눈여겨볼 필요가 있다.

이 설문 결과를 보면 당연히 여행이 압도적이긴 하지만 의외로 해외 여행보다 국내 여행에 대한 관심이 더 크다. 즉 해외 여행으로까지 이어지려면 해외의 코로나19 확진자 동향을 좀 더 확인해봐야겠다는 뜻

도표 34. 코로나19로 바뀐 일상, 요즘 어떻게 지내세요?

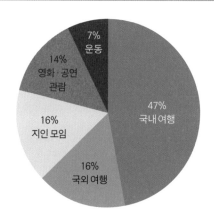

자료: 구글폼 응답자 7577명 대상, 경기관광공사

으로 해석된다. 따라서 면세점이나 항공, 해외 여행 소비 확대는 상대적으로 늦어질 수 있고 오히려 국내 여행과 관련된 호텔, 철도, 렌터카, 국내 항공 중심의 변화가 먼저 이어질 가능성에 초점을 맞추어 관련 기업의 동향을 살펴볼 필요가 있다.

그리고 눌렸던 소비와 관련된 부분도 계속 확인해야겠지만, 투자 환경도 점검할 필요가 있다. 위기 극복이라는 상황 아래 이어졌던 금리 인하와 유동성 확대는 서서히 정상으로 돌아갈 준비를 할 것이다. 그렇다면 그에 따라 급등했던 실물 자산(부동산 등), 주식 등은 유동성 회수 이후의 썰물 국면까지 염두에 두며 이에 보조를 맞춰 전략을 짤 필요가 있다. 위기가 기회였다면 위기 극복은 기회로부터의 엑시트이다. 따라서 2020년부터 영끌, 빚투로 적극적인 투자에 가담하여 충분한 레버리지 효과까지 누려왔다면 이제 코로나19 이후의 투자 포트폴리오는 계산기를 두들겨보며 이자 대비 기대 수익률을 충분히 고려해야 한

 제리와 함께 공부해볼 기업

내수소비 관련
CJCGV: 티켓 가격 인상 및 구조조정 이후 변화 기대 + 지연된 개봉작 재개 효과 + 베트남, 인도네시아 등 해외 진출 국가 리오프닝 기대
일신방직: 면화 가격 상승세 및 중국 신장지구 규제 수혜 + BSK코퍼레이션(고디바 초콜릿, 더바디샵 등) 및 신동와인 실적 변화 기대
CJ프레시웨이: 단체 급식 등 푸드 서비스(병원 위탁 급식 시장 1위) 및 식자재 유통 회복 기대 + 2021년 2분기 실적 고려 시 향후 빠른 변화 예고

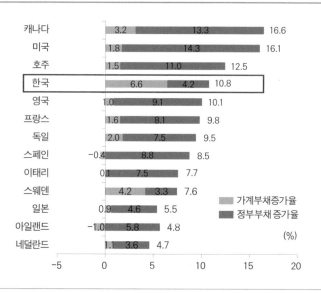

주: 한국의 가계부채는 개인금융부채 기준
자료: BIS, 한국은행, 키움증권 리서치센터

다. 앞서 한국이 금리를 빠르게 올리지 못할 가능성에 대해 언급했지만, 실제 투자에서는 주변 상황이 바뀔 때 내 자산의 포트폴리오 점검은 필수 사항이다. 비용과 기대만큼 높지 않은 성과가 예상된다면 당연히 레버리지 축소와 정리를 계획해야 한다.

위기를 극복하기 위해 글로벌 정부는 유동성 강화와 재정 투입으로 대응해왔다. 그 결과 정부 부채 증가는 당연한 결과로 이어졌다. 하지만 한국은 오히려 유독 가계 부채가 급증하면서 국가 부채가 커졌다. 저금리를 충분히 이용한 투자에서부터 어려워진 자영업자의 부채 확대까지 다양한 요인이 있겠지만, 금리 변화 시 상대적으로 위험 노출도가

제리와 함께 공부해볼 기업

가계 부채 급증 관련

고려신용정보: 국내 채권 추심 업계 1위 + 채권 추심 외주화 추세 속 안정적 실적 성장

리드코프: 최고 이자율 제한 속 상위 대부업 중심 압축 + 연간 시가 배당 수익률 8%

높아지는 건 사실이다. 따라서 금리 정상화가 이어질 때 은행주, 보험주 등의 금융주에 투자할 경우는, 예대 마진의 확대라는 긍정 요인과 부실화 가능성의 부정 요인을 같이 살피면서 건전성까지 확인해야 한다. 오히려 기회가 될 수 있는 대부 업체 또는 채권 추심 업체 등의 실적도 확인할 필요가 있다.

Q3

2022년 시장에 큰 영향을 끼칠
주요 이슈는?

 톰 의견 유동성, 동학 개미, 높은 밸류

시장은 이 시간에도 계속 변화하고 있다. 이렇듯 시시각각 변화하는 속에서 2022년 시장에 영향을 미칠 변수를 찾아보자.

1. 시중에 풀린 유동성

최근 전 세계는 코로나19라는 전대미문의 사태로 경기가 마비되어 경제적인 생존의 문제에 봉착했다. 대부분의 일상이 코로나19로 인해

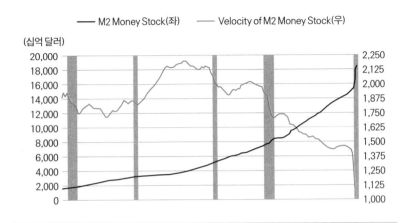

자료: Fed 홈페이지

소위 셧다운에 들어갈 수밖에 없었기 때문이다. 코로나19 초기에는 조기에 종식될 것으로 보였던 상황이 길어지자 경기의 장기 침체를 걱정하는 단계에 이르게 된 것이다.

이렇듯 경제 마비를 걱정한 각국의 중앙은행은 시중에 막대한 자금을 공급했다. 그럼에도 불구하고 경기 회복 속도는 더디게 진행되고 있다. 이는 시중에 소위 돈이 돌지 않아서 생긴 문제라 할 수 있다.

원래 정상적인 통화량 조절 정책은 지급준비율과 이자율을 가지고 시행되는데 이러한 정책만으로는 시중에 가라앉은 화폐의 기능을 끌어올리는 데 역부족인 상황이 연출되어 버렸다.

그래서 각국의 중앙은행은 비정상적인 통화 정책을 다수 실시하기에 이르렀다. 그 방식 중 하나가 국채 매입 프로그램이다. 이는 시중은행이 보유하고 있는 채권(국채)을 중앙은행이 매입해서 그만큼 시중은행

	정상적인 통화정책		비정상적인 통화정책
지급준비율	은행이 예금의 대량 인출에 대비하여 일정 비율의 현금 보유를 중앙은행 지침으로 강제하는 제도. 지급준비율을 올리면 시중의 자금이 회수된다.	양적 완화	은행 보유 채권을 중앙은행이 매수함으로써 시중에 자금을 공급하는 제도.
이자율	이자율 조절로 시중의 자금을 조절하는 제도. 이자율이 오르면 자금이 회수된다.	-	-

에 자금을 공급하는 정책이다. 이로써 줄어든 화폐 유통 속도를 감안하여 화폐의 총량을 증가시키는 노력을 전개한 것이다.

이러한 유동성 공급은 경제 발전에 크게 도움을 주었다. 이에 따라 2020년은 2019년 대비 높은 성장률을 달성했다. 이제는 한숨을 돌릴 수 있는 상황이 되었다. (더군다나 2022년은 몇몇 국가들을 선두로 위드 코로나를 준비하고 있다).

이제부터는 비정상적으로 풀린 글로벌 유동성을 회수하는 문제가 경제에 가장 큰 영향을 미칠 것으로 생각된다. 즉 경기가 서서히 회복되면서 늘어난 화폐 유통량을 축소해야 하는 상태가 된 것이다. 그래서 '테이퍼링(tapering)'이라는 말이 등장하게 되었다. 테이퍼링은 서서히 유동성을 줄여가는 방식을 말한다. 그런데 테이퍼링은 주식시장에 긍정적인 요소는 아니다. 테이퍼링은 시중의 자금을 흡수하는 것으로 이는 주식시장에 부담을 주게 된다.

또한 테이퍼링에 이어 궁극적으로는 정상적인 통화정책으로 금리 인상도 시행될 것이다. 이 또한 주식시장에 악재로 작용할 것이다.

테이퍼링과 금리 인상이 주식시장에 악재가 되는 이유는 시중 유동성과 주식시장의 관계를 잘 살펴보면 쉽게 이해할 수 있다. 시중 자금은 항상 높은 수익률을 따라서 움직이는데 늘어난 자금은 주식, 원자재 등의 자산 가격을 올리게 된다. 그 결과물 중 하나가 바로 2020년 주식시장 활황 장세의 원동력이었다. 당시 기업 실적이 증가 추세가 아니었기 때문에 유동성이 활황 장세에 큰 역할을 했다는 점은 인정해야만 한다.

테이퍼링 실시는 이제 그 유동성이 점차 회수 단계에 접어드는 계기가 된다는 것을 의미한다. 이제는 기업의 이익 외에 유동성에 의한 주식시장의 초과 수요 부문은 그 역할을 충분히 하지 못하게 된다고 보는 것이 옳다.

테이퍼링과 금리 인상은 분명 주식시장에서 호재가 아니다. 물론 이 두 가지를 하기 위한 전제 조건이 경제 성장이기 때문에 이로 인해 주식은 추가로 오를 수 있다. 하지만 이는 수급에 부담을 주므로, 특히 테이퍼링 초기와 금리 인상 초기에는 주식시장에 더 큰 문제로 반응하게 될 것이다.

또한 테이퍼링의 강도와 금리 인상의 속도도 중요하다. 주식시장은 테이퍼링과 금리 인상에 적응하는 단계를 거쳐야 하는데, 이 두 가지 조치가 시장이 적응할 시간적 여유를 주면서 천천히 진행되느냐, 아니면 급하게 진행이 되느냐에 따라서 큰 차이를 만들어낼 수 있다.

이제부터 투자자는 미국 연준과 한국은행의 움직임을 잘 살펴야 한다. 그들의 미세한 움직임이 시장에 큰 파장을 일으킬 수 있기 때문이다.

2. 개인투자자들의 변화

2020년 주식시장은 소위 '개미투자자'들의 장세였다. 이들이 주식에 높은 관심을 보이면서 거침없이 매수를 시작했기 때문이다.

그런데 앞서 이야기한 바와 같이 이들 중 수익을 내는 비중은 크지 않다. 그러한 점에서 수급상 중요한 축을 담당하는 개인투자자들의 지속적인 관심이 주식시장에 매우 중요한 사안이 되고 있다.

하지만 안타깝게도 개인투자자들의 수익률은 갈수록 저조해지고 있다. 개인투자자의 비중이 가장 높은 종목은 삼성전자, 현대차, 카카오 등으로 이 종목들은 한때 최고의 주식 중 하나라는 인식 하에 많은 투

도표 37. 2020년 연령대별 주식 신규 계좌 개설 현황

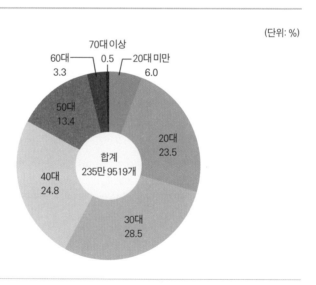

자료: 키움증권

88

(단위: %)

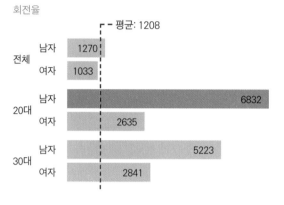

※ 2020년 11월 국내 종목 기준, 20 · 30대는 지난해 계좌 개설한 신규 투자자

회전율

r - - 평균: 1208

전체
남자 1270
여자 1033

20대
남자 6832
여자 2635

30대
남자 5223
여자 2841

자료: NH투자증권

자자가 매수해왔다. 하지만 이 종목들의 주가는 쉽게 오르지 못하고 있다(2021년 9월 기준).

그러한 가운데 오히려 개인투자자들의 선호 종목이 아닌 종목들의 상승이 두드러지고 있다. 그렇다면 왜 개인투자자들의 비중이 높은 주식의 수익률이 상대적으로 저조한 상황이 되었을까? 그 이유를 알아보는 것 또한 매우 중요하지 않을까?

개인투자자들은 대체로 시장에서 인기를 끌거나, (다양한 채널에서) 추천을 많이 받는 주식을 매수하는 경향이 강하다. 아무래도 종목을 분석해 찾는 데는 한계를 느끼다 보니, 현실적으로 주위 이야기를 많이 듣는 편이라 할 수 있다. 이러한 다수의 개인이 매수를 진행하는 주식들은 주가가 일정 기간 오르다가 정체하는 시기를 맞게 된다. 그렇다면 왜 그런 현상이 벌어지는 걸까? 주식은 실제로 다양한 이유로 오르게 되지만 일정한 패턴을 가지는 경우가 많다.

① 처음에 일부 분석가들이 주식을 사기 시작하는 단계
② 그 주식의 가치를 많은 사람이 공감하여 매수하는 단계
③ 이후 그 주식에 모두가 열광하여 더욱 매수하는 단계
④ 사고자 하는 모두가 다 매수하고 일부는 차익을 실현하는 단계

위 상황에서 지금 개인 선호 주식들은 어떤 위치에 있다고 생각하는가?

한편 안타깝게도 주식시장은 결코 선한 시장이 아니다. 투자자는 언제나 여러 주식 중 하나를 살 수 있는데, 누군가 가지고 있는 주식을 기어코 사서 그들에게 수익을 안겨주어야 할까? 답은 독자들이 하기 바란다.

높은 개인투자자 비중이 2020년 주식시장을 일정 단계로 끌어올리는 역할을 했다면, 이제 그 물량을 누군가 사주어야 하는 단계에 이르렀다. 하지만 당분간 외국인과 기관은 (안타깝게도) 그 역할을 해줄 것 같지 않다. 이제 개인의 영향력을 너무 믿지 말자.

3. 높은 밸류에 기업이 실적으로 답해야 한다

경기가 일정한 회복기를 겪고 나면 주식시장에는 기업 실적에 대한

문제가 크게 대두될 가능성이 커지게 된다. 이러한 논리를 뒷받침하기 위해 2015~2016년 제약·바이오 업종의 대거 상승 이후 흐름을 살펴 볼 필요가 있다.

한때 이들은 높은 가치(밸류)를 부여받으며 주식시장을 이끄는 역할을 했다. 그 당시 제약·바이오는 고령화 사회의 도래와 더불어 세상을 바꿀 강력한 테마로 떠오르면서 많은 투자자의 관심을 끌었다. 그래서 높은 밸류(업종 평균 PER 약 40배)를 부여하며 투자자들이 열광했다.

그런데 이러한 테마도 2016년에 고점에 다다른 주식들이 나타나기 시작했다. 이는 예로 든 차트를 통해 확인할 수 있다.

최근까지도 당시 고점을 넘어선 종목은 손에 꼽을 정도이다. 이는 이

도표 39. 의료정밀

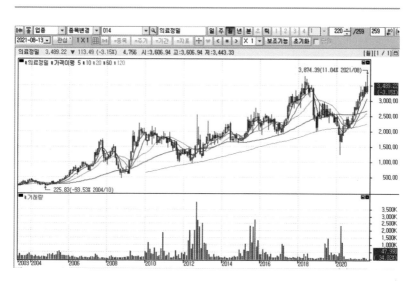

자료: 유진투자증권

도표 40. 메디톡스

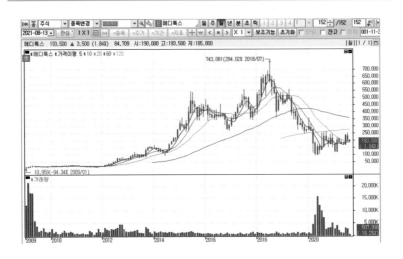

자료: 유진투자증권

도표 41. 아이코젠

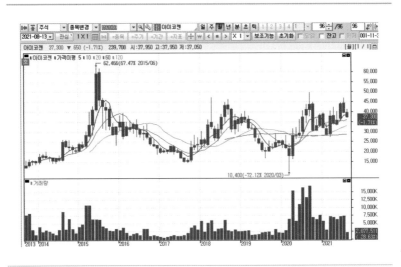

자료: 유진투자증권

후 실제 발표된 실적이 높은 기대와 달리 불안했기 때문이고 다양한 정보, 즉 임상시험과 관계된 내용이라든지, 다양한 개발 경쟁의 격화라든지 하는 문제가 그 사이에 주식시장에 들어왔기 때문이다.

[도표 39~41] 그래프들은 당시에는 모든 것을 다 바꿀 것으로 보였던 대표적인 주식들의 주가 움직임을 보여주고 있다. 이 그래프들을 보면 어떤 생각이 드는가?

이제 2020~2021년을 뜨겁게 달궜던 주식들이 투자자들에게 답을 줘야 하는 시기가 점차 도래하고 있다. 답은 투자자들이 계속 주식을 사고자 하는 욕망을 불러일으킬 수 있는 기업 가치의 꾸준한 증가이다. 이를 해결하지 못한다면, 주가는 꾸준히 오르기보다는 종목과 시황에 따라 등락을 거듭하는 모습을 보일 가능성이 크다고 하겠다.

주식이 꾸준히 오르기 위해서는 적절한 밸류의 바탕 위에 이익이 꾸준히 증가해야 한다. 이제 그에 대한 답을 기업이 해야만 하는 시기가 됐다.

 제리 의견 미·중 갈등, 글로벌 친환경 트렌드, 대선

미국과 중국 간의 갈등

두 차례에 걸친 세계대전과 미국과 소련의 냉전 갈등 이후 슈퍼 파워

로 자리 잡은 미국에 급부상하는 중국은 그리 달갑지 않은 존재였다. "독일과 일본을 조기에 통제하지 못해 크나큰 대가를 치러야만 했다. 중국에만은 똑같은 실수를 해서는 안 된다." 〈포브스〉지 창립자 스티브 포브스의 발언이 중국을 대하는 미국의 심정을 대변하는 것 같다.

중국은 세계의 공장을 자처하며 제조업 역량을 쌓은 이후 매년 6% 이상의 성장을 보여오며 2010년에는 일본의 GDP를 능가하는 세계 2위의 경제 대국으로 올라섰다. 하지만 직접적으로 패권에 대한 욕망을 내보인 건 아니었다. 지정학적으로도 내륙에 위치했고 미국의 동맹국에 둘러싸인 상황이기 때문에 중국이 패권에 대한 욕망을 드러내서라기보다는 패권에 도전할 만한 잠재력을 갖추고 있다는 데서 미국의 심기를 불편하게 했다.

미·중 간의 노골적인 갈등은 2018년 7월, 트럼프 대통령이 340억 달러 규모의 중국 수입품 818종에 25%의 보복관세를 부과하면서 무역분쟁의 형태로 시작되었다. 특히 막대한 미국의 대중 무역 적자에 대한 불만이 중국의 환율 조작, 특허권 침해, 본국에 투자한 해외 기업의 기술력 갈취 등에 의해 확대되면서 이어진 관세 폭탄을 중국도 보복 관세로 대응하며 2019년 9월까지 양국의 갈등은 지속되었다. 아직 양방의 관세는 그대로 유지된 채 미국 정권이 바이든 대통령으로 교체되었지만, 중국에 대한 미국의 견제는 그대로 이어지고 있다. 특히 코로나19 발원지에 대한 논란과 화웨이 제재, 홍콩 민주화 탄압, 신장지구 인권문제 등과 같은 다양한 미·중 갈등은 2022년에도 주식투자의 돌발 리스크가 될 가능성이 크다.

우선, 갈등의 장기화 여부이다. 역사적으로 볼 때 고도의 경제 성장을 꾸준히 지속해가는 국가는 없었다고 한다. 그렇다면 최근 떨어지고 있는 중국 경제의 동향을 볼 때 중국이 더 이상 고도성장을 이어가지 못한다면, 2030년 이후 미국의 경제력을 추월할 것이라는 예상이 실현될 가능성은 작다고 볼 수 있다. 하지만 중국이 공산당 일당 체제로 안정적인 장기 집권을 이어가기 위해서는 인민의 삶에 불만이 없도록 유지해야 한다. 강한 성장이 사라지면 인민의 불만이 커질 수밖에 없다. 이는 중국의 일당 체제가 가까스로 유지해온 통일성에 심각한 위협이 된다. 따라서 고도성장에 계속 집중할 수밖에 없고 이는 여전히 미국과의 갈등에 불씨로 남을 것이다. 중국 고위 정부 경제 분석가는 2035년까지 양국은 싸움과 대화의 순환에 갇혀 있을 것이라고 전망했다. 한때 미국에서는 최근의 물가 상승이 지난 무역갈등으로 촉발된 관세 부과가 하나의 요인이라는 분석을 내놓으며 자성론이 나오기도 했다. 하지만 바이든 행정부와 미국 의회는 현재의 기조를 이어갈 가능성이 크기 때문에 다양한 형태로 갈등이 장기화될 가능성이 크다.

둘째, IT 및 하이테크 분야에서의 갈등이다. 중국은 신흥국이 선진국으로 발전하지 못하거나 저소득 국가로 퇴보하는 현상인 '중진국 함정'을 무엇보다 경계한다. 그러므로 IT 기술의 혁신적인 발전을 위해 다양한 정책적 육성에 집중할 것이다. 이를 위해 산업 보조금 지급, 해외 기업의 진입 제한 등 자국 산업의 육성을 위한 다양한 수단을 동원할 것이다. 그런데 이는 미국의 불공정 무역 제재와 IT 기술에 대한 견제로 충돌할 수밖에 없다. 특히 IT 기술의 고도화를 위해서는 반도체 수

도표 42. 중국 반도체 수입 규모 & 글로벌 반도체 장비 매출 규모

중국 반도체 수입 규모
(단위: 억 달러)

글로벌 반도체 장비 매출 규모
(단위: 십억 달러)

지역	2020	2019	증가율
중국	18.72	13.45	39%
대만	17.15	17.12	0.2%
한국	16.08	9.97	61%
일본	7.58	6.27	21%
북미	6.53	8.15	-20%
유럽	2.64	2.28	16%
기타 지역	2.48	2.52	-1%
합계	71.19	59.75	19%

자료: 머니투데이

급과 산업 발전이 뒷받침되어야 하기 때문에 실패를 얼마나 겪든지 간에 반도체 굴기는 계속 이어지리라 본다. [도표 42]에서 보듯이, 중국의 반도체 수입 규모가 지속해서 늘어나는 가운데 반도체 장비 또한 강한 수요를 보인다는 점이 이를 뒷받침한다.

여기서 과연 한국의 반도체 산업은 어떤 영향을 받을까? 삼성전자의 경우 아직 미국의 반도체 공장 투자를 확정 짓지 못한 상태에서 이를 달갑지 않아 하는 중국이 자국으로의 수출과 투자를 요구할 경우 눈치 보기가 계속 이어질 가능성이 크다. 그럼에도 추격하는 중국의 반도체 굴기에 맞선 메모리 반도체의 공정 미세화를 통한 경쟁력 확보, 확대되는 비메모리 반도체의 수요에 맞춘 기술력 강화 등을 통해 기술 격차를 벌리는 한국의 노력은 강화되리라 본다.

셋째, 과거와는 다른 차원에서의 중국의 압박이다. 바이든 행정부가 들어서면서 과거 트럼프 대통령 때와는 달리 동맹과의 관계를 강화하는 기조를 보이고 있다. 한때 유럽 및 아프리카로 이어지는 중국의 일대일로 행보에 경계감이 있었지만 오히려 해당 국가의 부채만 키웠다는 비판 아래 제동이 걸린 상태에서 미국의 영향력이 더 확대된다면 미·중 갈등은 미국과 연합한 동맹 국가들과 중국 간의 갈등으로 대치될 가능성도 있다. 그럴 경우 이는 한국에게 기회의 요인이 될 수 있다. 세계의 공장으로서의 중국에 대한 의존도가 낮아지고 글로벌 공급망이 재편되면서 오히려 한국이 수혜를 볼 가능성이 큰 것이다. 특히 IT 및 하이테크 산업에서 한국 기업의 역할론이 커지는 가운데 해당 섹터 내 기업들의 수주가 늘어난다면 주식투자도 이를 기회 요인으로 활용해야 한다. 특히 미국이 필요로 하지만 자국 내에 없거나 공급이 제대로 이

도표 43. 글로벌 공급망 재편 시 수혜 가능 섹터

섹터	내용
2차 전지	배터리 제조사 미국 투자 + 소재, 부품, 장비 수혜
반도체	메모리 반도체 수요 지속 + 비메모리 수요 증가
전기차	테슬라 및 자동차 업체 생산 vs. 시장 성장 확대
신재생에너지	태양광, 풍력 등 수요 증가 + 전선, 변압기 등 송배전 기회
조선	미국 조선 업체 부재 + 중국 배제 수혜
철강	미국 철강사 생산 불구 수요 증가 + 인프라 투자 확대
화학	고부가가치 품목 중심 중국 공급 대체 수혜
해운	미국 항공업 경쟁력 대비 해운업 위축

뤄지지 못하는 산업, 중국의 공급을 대체할 수 있는 섹터 등은 관심 있게 볼 필요가 있다.

넷째, 대만발 정세 변화이다. 중국이 홍콩에 대한 직접적 영향력 행사에 이어 하나의 중국이란 기치 아래 대만에 영향력을 확대해나가려는 의도가 나타나면서 미국과의 갈등이 커질 가능성이 있다. 미·중 간의 충돌이 한반도와 대만에서 일어날 것처럼 자주 언급되지만 한반도의 경우 복잡한 국제 역학관계와 이해관계로 인해 충돌 가능성이 낮은 반면 대만의 경우는 오히려 IT 기술 및 지리적 우위를 선점하기 위한 충돌 가능성이 커지는 만큼 관련 동향에 주목할 필요가 있다. 오히려 대만의 지정학적 리스크 확대 시 비메모리 반도체 부문의 수혜로 생각할 수 있지만, 리스크 자체에 대한 위험 자산 회피의 충격은 불가피할 것이다.

다섯째, 여전한 미국의 우위 가능성이다. 에이미 추아 교수는 《제국의 미래》에서 패권 국가의 강점은 확장하는 과정에서 이어지는 '포용과 융합'에 있다고 했다. 이민으로 시작된 역사 속에서 포용과 융합이 가져온 소프트 파워는 미국의 강점으로 나타난 반면, 공산당 독재와 중화 민족 사상, 민족 우월주의로 대변되는 중국은 포용과 융합과는 거리가 있어 보인다.

또한 미래 경쟁력과 관련한 인구 변화이다. 중국은 노령화와 성비 불균형으로 2030년이면 인구의 절반 이상이 42세 이상이 될 것으로 추정된다. 게다가 빠른 노령화에도 불구하고 노후에 대한 준비가 부족하다. 노령 인구의 보유 자산을 보면 65세 이상 일본 노인의 평균 보유 자산은 1인당 약 45만 달러, 중국은 1000달러 수준이다. 이를 극복하기 위해 중국은 세 자녀 정책까지 내세웠지만 혼인율과 출산율이 빨리 회복될지는 미지수이다.

또한 이와 같은 약점을 극복하기 위해 정치적으로 민족주의를 강화하고 대외 갈등을 부추긴다면 오히려 미국 등 동맹국과의 관계는 더욱 악화될 가능성이 있다. 글로벌 국가 모두가 코로나19 사태 극복에 모든 초점을 맞추고 있는 현 상황에서 갈등이 당장 표출되지는 않는다 하더라도, 코로나로부터 한숨 돌린 국면이 오면 언제든지 갈등은 수면 위로 올라올 수 있다는 점을 염두에 두어야 한다.

특히 중국 자체적인 통제 리스크도 수면 위로 올라오고 있다. 중국의 기존 정책은 IT 및 첨단 기업의 육성과 자본 조달을 위해 미국 증시 IPO에 대해 어느 정도 인정해주는 상황이었다. 그와 함께 글로벌 기술력 확보와 달러의 유입까지 기대했지만 최근 상황이 변하고 있다. IT 기업의 확장성과 독점성이 중국 체제를 위협할 가능성이 있다는 점에서 플랫폼 기업 등에 대한 내부 통제를 강화하는 분위기이다. 그에 따라 발생할 수 있는 중국 정책 리스크와 미국 견제를 위한 내부 결속은 부담이 될 수 있다는 점에서 꼭 체크해야 한다.

글로벌 친환경 정책의 강화

지구가 온난화와 이상 기온으로 고통받고 있고, 이로 인한 피해가 인류에게 고스란히 넘어온다는 인식이 커지면서 이산화탄소 배출량을 중심으로 한 환경 규제의 필요성이 대두되었다. 이에 따라 2015년 12월 파리기후협정, 2019년 9월 UN기후정상회의를 통해 121개 국가가 '기후 목표 상향 동맹'에 가입하여 '2050년 탄소 중립'이 중요한 목표로 설정되었다. 세부적인 일정과 내용이 확인되면서 지구를 지키기 위해 막연히 하겠다는 대의적인 명분이 세금, 기업의 비용 등 경제적인 문제로 다가오기 시작했다. 이는 앞으로 더욱 구체화되고 정형화되면서 투자의 세계에도 영향을 미칠 수 있기에 관심을 두어야 한다.

물론 정해진 목표 안에서 추가적인 국가 간의 협의를 통해 구체적인 내용이 달라질 소지는 있다. 같은 EU 역내라도 산업적·지리적 특성으로 이산화탄소 배출이 많은 국가와의 형평성 문제가 있을 수 있고, 상대적 신흥국과의 눈높이 조절도 필요해 보인다. 이른 산업 발전으로 지구를 먼저 망가뜨린 선진국이 이제 경제 개발을 시도하는 신흥국에게 부담을 준다는 논리가 가능하기 때문이다. 결국 세부적인 절차와 일정 등은 다듬어질 수 있겠지만 큰 대의와 방향은 정해진 트렌드인 만큼 정책적인 변화에 대한 대응이 숙제로 남겨진다.

글로벌 탄소 중립 정책의 강화에 대해서는 투자의 틀에서 다음을 주목해야 한다. **첫째, 또 다른 무역 장벽에 대한 대비이다.** 탄소 중립 정책의 요점은 탄소 국경세의 부과로, 이는 탄소 배출이 많은 국가나 기업에 관세를 부과한다는 개념이다. 즉 탄소 중립을 위한 규제가 시작되면 상대적으로 규제가 약한 국가의 제품이 역내로 들어올 때 훨씬 가격 경쟁력이 높아지고, 역내 기업들 또한 규제가 약한 역외로 생산 시설을 옮기려 할 것이다. 이를 위해 탄소 국경세로 형평을 맞춰야 한다

도표 44. 글로벌 주요 국가의 탄소 중립 실천 계획

구분		우리나라	유럽	일본	중국	미국
대표 정책		2050 탄소 중립 추진 계획	Green Deal	탈탄소 실현 계획	Zero Carbon China	Clean Energy Revolution
(참고) 주요 달성 목표		2050년 탄소 중립. 2030년까지 2017년 대비 GHG 24.4% 감축	2030년까지 2019년 대비 GHG 50% 감축	2050년까지 2019년 대비 GHG 850억 톤 감축	2050년까지 총에너지 수요의 67%를 전기, 12%를 수소로 대응	2050년 탄소 중립. 2035년까지 제로 탄소 발전
중점 추진 아이템	신재생에너지	• 풍력, 태양광 • 분산형 에너지 • ESS	• 해상풍력/조력	• 풍력, 태양광, 지열 • 원자력 • 수소 공급망 • 바이오 연료	• 풍력, 태양광 • 제로 탄소 발전 • ESS	• 풍력, 태양광 • 원자력 • ESS • 재생에너지용 송전망 • 제로 탄소 발전
	그린 모빌리티	• 수소/전기차 • 2차 전지 • 연료 전지 • 수소 충전소 • 초고속철도 • 친환경 선박	• 자율 자동차 • 전기차 • 2차 전지	• 수소/전기차 • 2차 전지 • 바이오 연료 항공기	• 수소/전기차 • 2차 전지	• 수소/전기차 • 전기차 충전소 • 청정경전철/버스 • 초고속철도 • 친환경 선박/항만
	에너지 효율	• 건물 에너지 절감 • 재활용 • 빅데이터/AI 기반 에너지 효율화	• 건물 에너지 절감 • 재활용 • 탄소 정보 디지털화	• 건물 에너지 절감 • 블루카본 • 공유 이코노미 • 빅데이터/AI 기반 에너지 효율화	• 에너지 공급 디지털화 • 재활용	• 건물 에너지 절감
	신 그린 산업	• 그린 수소 • CCUS • 화이트 바이오 • 저전력 반도체	• 그린 수소	• CO_2 원료 시멘트 • CO_2 흡수 콘크리트 • 스마트 농수산업	• 그린 수소 • 제로 카본 스틸	• 청정 에너지 인프라 확대

자료: 한국기계연구원

는 시각이기에, 이 정책은 또 다른 무역 규제가 될 것으로 보인다. 이에 따라 기업들은 역내에서 충분히 승산 있는 산업이라면 중기적인 관세 부담을 덜기 위해 오히려 역내 진출을 고려할 가능성이 크다. 이에 따른 직접투자와 그에 연관되는 밸류 체인의 이동 또한 중기적으로 살펴야 할 부분이다.

둘째, 기업의 비용 증가이다. 이는 탄소세(화석연료를 사용하는 경우 연료에 함유된 탄소 함유량에 비례해 세금 부담) 부담과 탄소 배출권(배정받은 할당량보다 많은 탄소를 배출 시 배출권 구매) 확보라는 차원에서 기업에는 추가 비용이 발생한다. 대표적으로 이산화탄소 배출량이 많은 기업인 중화학공업은 관련된 비용이 더 늘어날 수밖에 없다. 반면 탄소 배출권 거래 중개 허용으로 인해 증권사에는 또 다른 수익의 기회가 될 가능성

도표 45. 제조업 업종별 온실가스 배출 비중

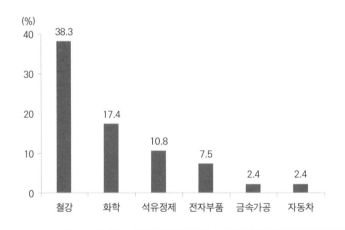

주: 2019년 기준
자료: 한국에너지공단

표46. 중화학공업의 친환경 산업 진출 사례

구분	기업	내용
기존 사업 친환경화	쌍용C&E	유연탄 대신 폐플라스틱 사용
친환경 사업 JV 설립	고려아연	LG화학과 2차 전지 전구체 합작사 설립

도 체크해야 한다.

기업은 단기적으로는 비용 전가를 위한 제품 가격 상승을, 중기적으로는 기존 사업의 친환경화, 친환경 사업과의 제휴 또는 조인트 벤처 설립을 통해 돌파구를 만들 가능성이 크다. 제품 가격의 인상은 가격 저항력과 경기가 부진할 때 수요를 더욱 떨어뜨릴 수 있기에 장기적인 효율은 떨어질 수밖에 없다. 따라서 기존 중화학 업체는 친환경 산업으로의 전환을 가속화할 가능성이 크고, 준비를 잘해나가는 업체 중심으로 시장의 시각이 달라질 가능성이 있기에 변화하는 기업을 눈여겨보아야 한다.

셋째, 친환경 산업의 글로벌 트렌드이다. 신재생에너지 및 친환경 관련 섹터 내 기업의 주가는 초기에 정부 및 글로벌 정책 강화로 인해 향후 성장할 가능성이 반영되며 기대감으로 상승한다(1차). 이후 단기 급등의 부담과 사업 시행과 확정이 되기까지 필요한 시간 속에서 주가의 조정이 나타난다(2차). 이후 사업 시행과 정책적인 보조금 등이 확정되면 재차 반등을 보인다(3차). 그다음에 시장은 섹터가 아닌 종목에 초점이 맞춰진다. 즉 실질적인 사업 경쟁력을 확보하고, 수주 잔고가 늘어나며 기업의 실적 변화가 확인되는 종목 중심으로 시장의 주도주가

제리와 함께 공부해볼 기업

친환경 에너지

SGC에너지: 열병합발전(REC 확보) 및 삼광글라스, 이테크건설 투자 부문, 군장에너지 보유한 사업형 지주사 + SMP(전력판매단가), REC(신재생에너지 공급 인증서), 탄소 배출권 상승 시 수혜

제이씨케미칼: 바이오디젤, 바이오중유 생산 + 신재생에너지 공급 의무화 제도 수혜

형성된다(4차). 현재 글로벌 친환경 산업은 1차에서 2차로 넘어가는 중으로 보인다. 따라서 앞으로는 섹터에 대한 대응보다는 성과가 확보되는 기업 중심으로 꾸준히 동향을 체크해야 한다.

2022년, 대선과 선거의 계절

2022년은 선거의 해이다. 대통령 선거와 지방 선거가 같은 해에 이어지다 보니 어느 때보다 정치에 대한 관심이 높아지면서 주식시장에 큰 영향을 끼칠 수 있다.

도표 47. 2022년 주요 선거 일정

구분	일정	비고
20대 대통령 선거	2022년 3월 9일 (수)	2022년 5월 10일 취임
지방 선거	2022년 6월 1일 (수)	

표48. 대통령 선거 해당 연도 vs. 코스피 연봉 추이

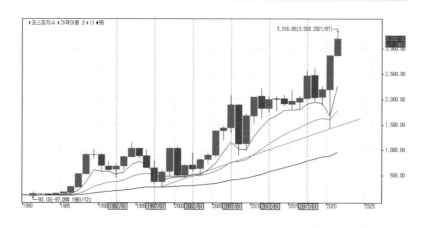

자료: 메리츠증권HTS

사회가 발달하고 시민의식이 성숙할수록 정치가 경제에 미치는 영향은 적다고 생각한다. 민주주의를 기반으로 한 자본주의의 주축은 선거 결과에 흔들리지 않는다. 하지만 집권당의 정국 운영 방향과 정책적인 움직임에 따라 주식시장이 영향을 받는다는 건 인정할 수밖에 없다. 따라서 정책적인 변화에 따른 투자 아이디어를 이벤트로 접근하는 전략과 정권이 바뀔 때 정책의 방향이 바뀔 수 있는 불확실성을 함께 점검해야 한다.

일단 대통령 선거와 주식시장의 변화 사이에는 큰 연관성이 없다. 지난 대통령 선거와 주식시장의 흐름을 보았을 때도 특별한 공통점이 나타나진 않는다. 오히려 글로벌 경제와 경기 사이클에 더 민감하게 움직이는 주식시장의 단면을 볼 수 있다. 따라서 시장의 큰 방향은 경기와 유동성이 주도한다는 흐름 외에 추가적인 정치적 동향이 주식시장에

영향을 미치는 부분은 다음과 같이 확인해볼 필요가 있다.

첫째, 대선 시기에는 편향적인 정치 논리로 무장한 각종 음모론과 거짓이 판을 친다. 유튜브 등 각종 매체가 발달하고 모바일 환경에 따른 뉴스의 접근성이 높아지다 보니 사실보다 더 사실 같은 스토리가 더욱 넘쳐나게 되었다. 특히 그럴싸한 스토리가 판단의 기준이 되어 투자에 대한 영향력을 키우게 될 때, 그에 따른 결과는 생각보다 치명적일 수 있다. 이와 같은 스토리로 무장한 달변가들이 주식 전문가로 전면에 나서 투자자들을 호도하는 현상을 과거에도 많이 봐왔다. 환상에 사로잡힌 판단으로 투자했을 때 일어날 비참한 결과를 그들은 책임시시 않는다. 게다가 음모론과 허위에 근거한 투자로 크게 성공한 경우를 본 적이 없다. 공시된 근거와 기업의 중장기 전략, 숫자에 입각한 투자 전략으로 더욱더 무장해야 할 시점이 다가왔다는 점을 강조하고 싶다.

둘째, 코로나19 국면과 맞물린 대선 환경이다. 예전처럼 대면으로 선거 운동을 하는 데 제약이 있다 보니 훨씬 더 다양한 온라인 매체와 새로운 홍보 수단이 부각될 수 있다. 최근 부각되는 메타버스 환경과 아바타 기술 등이 더욱 실생활에 다가오면서 관련된 투자 아이디어도 계속 챙길 필요가 있다. 또한 과거의 경우 새로운 정권이 들어서면 기대감과 집권 초기의 재정 집행 강화 등으로 소비 심리가 회복되는 경향을 보였지만 코로나19 대처 과정에서 미리 확대된 재정과 확진자 추이에 따라 변화되는 사회적 거리 두기 운동에 따라 기대하는 소비 심리의 개선이 생각보다 더딜 수 있다는 점을 고려해야 한다. 즉 새로운 정권에 대한 기대감이 과거 대비 약화될 수 있다는 점이다.

셋째, 정치 테마주의 부각이다. 2021년 상반기 중 가장 높은 주가 상승률을 기록한 1·2위가 정치 테마주였다. 특히 놀라운 사실은 NE능률의 경우 회장이 대선 주자로 부각된 윤석열 전 검찰총장과 같은 파평 윤씨라는 이유로 상반기 687%의 주가 상승률을 기록했다는 점이다. 물론 1분기 실적 턴어라운드와 코로나19로 인한 온라인 영어 교육이 부각된 측면도 있지만 주가의 주된 상승 배경은 정치적으로 부각되는 인물과의 연결고리에 있었다. 인맥을 통해 유력 정치 인사가 기업에 혜택을 주는 현상은 정의와 공정이 주요 이슈가 된 현재 사회 분위기에서는 말할 것도 없고 상식적으로도 있어서는 안 될 일이다. 그럼에도 어떻게 해서든 연결고리를 만들어 주가 상승에 이용하려는 현상이 가장 많이 나타나는 시기란 점은 꼭 유념해야 한다. 단기매매로 시장에서 관심이 높은 종목을 매매해서 수익을 내겠다는 입장에 대해 반박할 수는 없다. 하지만 이와 같이 실체가 없는 재료로 매매를 할 때 결과가 좋지 않다는 건 지난 몇 번의 대선 기간에서 공통적으로 밝혀진 사실이다. 그래도 주가가 움직이면 자연스레 눈길이 갈 수밖에 없는 것이 투자의 현실이다. 또 한 가지 눈여겨봐야 할 부분은 저평가를 받아오던 종목이 의외의 정치 테마주와 엮이면서 주가의 모멘텀으로 작용하는 경우이다.

건설 기계 하부 구동 부품이 주력 사업인 흥국이 이와 같은 케이스이다. 꾸준한 실적과 자산가치에도 불구하고 만년 저평가 종목으로 머물다가 2021년 1월 당시 이재명 지사 관련주로 엮이면서 주가가 급등했다. 단기적인 관심 이후 주가는 다시 하락했지만 1분기 실적 발표 이

도표 49. 흥국 주봉 vs. 연간 PER, PBR 지표 추이

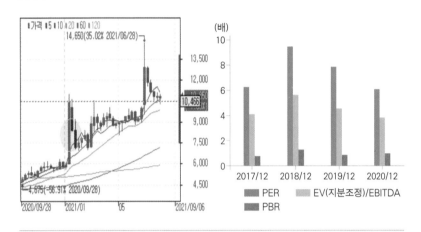

자료: 메리츠증권HTS, Fn가이드

후 꾸준한 상승세를 이어갔다. 이와 같은 주가 강세는 초기에는 정치
테마주로 주목을 받았지만 이를 통해 기업의 가치가 부각된 경우이다.
즉 중국 중심 굴삭기 판매 호조에 따른 실적 수혜, 그리고 저평가가 주
가를 재평가한 요인으로 봐야 한다. 때로는 정치 테마주가 주가 상승
의 트리거로 작용하는 경우의 예이지만 꾸준히 업황과 종목의 이해를
높여왔던 투자자라면 정치 테마주가 아닌 재평가의 관점에서 이익을
충분히 누렸을 것이다. 기업 공부가 왜 중요한지를 제대로 보여주는
사례라 하겠다.

하지만 대부분의 인물 테마주는 주가의 변동성과 기술적인 매매에
의존해야 하기에 판단에 한계가 있고 수익으로 마무리 짓기가 쉽지 않
다. 조정에 잘 매수했고 다시 올라간다는 생각이 들지만 여론조사에

따라, 대선 주자의 발언 한마디에 따라 바뀌는 지지율과 그에 못지않게 출렁이는 주가에 대응하기란 결코 쉽지 않다. 화려했던 주가에 비해 자칫 잘못하면 고점에 물려버리는 사례가 속출한다는 건 이를 잘 보여준다. 폭풍이 밀려오는 망망대해에서 조타수가 사라진 배의 선장이 된 심정이라 하겠다. '주가가 무엇을 기반으로 움직이는가'에 대한 실체적인 답을 하지 못한다면 나의 매매는 그리고 소중한 자산을 실은 나의 배는 휘청일 수밖에 없다.

넷째, 정치 테마주 중에서도 인물 테마주가 아닌 정책 테마주의 관점이다. 정치 테마주는 인물 테마주(인맥, 학연 등의 연결)와 정책 테마주(정치인의 주요 공약 및 집권 시 정책 추진 방향)로 구분된다. 보통의 경우 대선 초기 각 당의 대선 후보가 정해지기 전 여론조사의 결과와 지지율에 따라 해당 인물 관련 테마주가 움직인다. 하지만 각 당의 대선 후보

도표 50. 대선후보 확정 이후 정치 테마주의 변화: 정책 테마주 vs. 인물 테마주

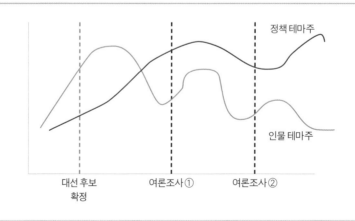

가 확정되면 관련된 기업의 주가는 초기에 보였던 고점을 넘기지 못하고 탄력이 둔화되는 경향이 있다.

좀 더 명확히 구분하자면 실체가 없는 인물 테마주는 이때부터 주가가 소멸한다. 하지만 대선 후보의 공약과 정책은 집권 시 정국을 끌고 가는 주요 방향이기에 관련 섹터의 주가는 좀 더 강한 힘을 받게 된다. 해당 정치인이 당선 시 집권 기간 동안 꾸준히 자금과 정책 방향이 집중되며 관련 산업과 섹터에 영향을 주기 때문이다. 과거 이명박 정부 시기의 4대강 개발 관련 토목 건설주, 박근혜 정부 시기의 벤처 육성 및 서출산 대책 관련주, 문재인 정부 시기의 남북 경협 및 친환경 정책주 등은 정책 테마주로서의 주도력을 상당 기간 오래 유지했다. 따라서 확정된 대선 후보와 그의 주요 공약, 그리고 2022년 새 정부가 집권 초기에 보여주는 정책적인 움직임은 투자 아이디어를 짤 때 눈여겨볼 필요가 있다.

여기서 한 가지 기억할 것은 최근 코로나19 사태 이후 세계 각국에서

도표 51. 2022년 새 정부 출범 이후 예상 정책 방향과 그 영향

예상 정책	내용	영향 섹터
부동산 정책	문재인 정부 실패 이후 여야 공급 확대 정책	건설 및 건자재
남북 정책	여당 승계 vs. 야당 변화 가능성	남북 경협주, 방산주
공정 성장	기본소득 및 복지 확대	내수소비 관련주
지역화폐 발행	지자체 권한 강화 및 재정 기반 강화	핀테크 관련주
주식시장 관심	부동산 억제 vs. 주식투자 관심 증가 및 유도	증권주, 금융주
에너지 정책	신재생 에너지 확대 vs. 탈원전 정책 지속 여부	한국전력, 원전 관련주

공통적으로 나타나는 현상이 '큰 정부의 역할'이라는 점이다. 즉 방역부터 재정 확대를 통한 소외·위기 계층의 안정까지 예전과는 다른 강한 정부의 움직임이 트렌드이다. 따라서 2022년 새로운 정권에서도 여야를 떠나 정부의 역할이 커진 상황에서 정책적인 강화 움직임은 확대될 가능성이 크기에 그에 따른 수혜를 챙길 수 있는 정책 관련주의 움직임을 지켜볼 필요가 있다.

Q4

그래서, 주식 비중을
늘려야 하는가? 줄여야 하는가?

 톰 의견 서서히 줄여간다

경기 및 주식시장의 상황에 따라서 그때그때 주식 비중을 조절하는 개인투자자는 과연 실제로 얼마나 될까? 더군다나 처음 주식을 시작하는 것이 아니라, 이미 상당 금액을 투자 중이라면 현실에서 주식 비중을 상황 변화에 따라 마음먹은 대로 즉각 조절할 수 있을까? 거대한 자금을 운용하는 펀드매니저가 아닌 일반 투자자가 시장 상황에 따라 주식 비중을 조절한다는 것은 생각보다 쉽지 않다. 이론과 현실은 많이 다르다. 다시 이야기하지만 개인투자자가 실제 매매에서 시장 상황에 따라 주식 비중을 늘렸다 줄였다 할 수 있을까? 솔직히 그 정도의 실력이면 주식투자에 대하여 일정 부분 달인의 경지에 올랐다고 할 수 있겠다. 그들은 2022년 전망에 대한 조언이 특별히 필요한 부류가 아니라고 생각한다.

주식투자 비중 문제는 단순히 시장 상황에 맞춰서 결정될 것이 아니다. 이는 투자자의 성향과 자금 계획(사정), 그리고 포트폴리오 구사 전략과 맞물려서 결정해야 하는 중요한 문제이다.

이렇듯 투자자는 (매매 원칙이라는) 근본적인 사항을 중심으로 주식 비중을 조절해야지, 실제 주식시장의 상황에 따라 주식 비중을 조절한다는 것은 현실성이 매우 떨어지는 발상이라고 생각한다. 더군다나 현재와 미래의 경기를 올바로 예측한다는 것은 거의 불가능에 가깝다고 앞서 이야기했다. 그래서 주식 비중 조절을 시장 외부 변수에 두면 여러모로 곤란한 상황이 연출될 수 있다. 되지 않는 것을 하려 하면 마음만 불안해지고, 안정적인 투자를 방해하게 된다.

다시 강조하지만 주식투자 비중은 투자자의 성향에 따라 매우 신중하게 결정해야만 한다. 또한 시장 상황과 더불어 종합적으로 결정해야 한다.

앞서 투자자는 2020년과 같은 주식시장 환경은 빨리 잊어야 한다고 말했다. 2020년은 어찌 보면 주식투자의 역사에 기록될 만큼 특이한 시장 환경이었다는 점을 다시 한번 강조한다. 따라서 같은 시장이 지속적으로 반복해서 이루어질 것이라고 생각해서는 안 된다.

2020년은 소위 '동학개미' 운동으로 주식시장에 대한 투자자들의 관

재귀적 현상

위대한 투자자인 조지 소로스가 주창한 이론. 한 기업의 주가가 오를 때 다양한 요소들이 서로 작용을 하는데, '재귀적 현상'은 그중 하나로 투자자들의 심리에 따라 주가가 연속적으로 오르는 현상을 잘 설명하고 있다.

예를 들어 A 기업의 주식에 대해 일부 투자자들이 긍정적인 생각을 가지고 투자를 진행하게 되면, 이에 따라 주가가 오르게 되고, 그러면 오르는 주가를 보고 다른 사람들도 A 기업에 대해 긍정적인 관점으로 매수에 참여하게 된다. 이에 따라 매수세가 유입되어 A 기업의 주가가 계속 오르면, 초기 투자자들은 자신의 판단이 맞았다는 더욱 큰 확신으로 계속 투자를 늘려서 주가를 끌어올리는 현상을 말한다. 쉽게 이야기해서 주가 상승의 연쇄적인 반응으로 정리할 수 있다.

심이 높아진 시기였다. 그래서 서로가 서로를 견인하는 '재귀적 현상'이 벌어졌다.

그러한 측면에서 보면 보통의 투자자라면 이제부터 서서히 주식투자 비중을 줄여야 한다고 판단된다. 다시 말하면 보통의 투자자라면 이제부터 주식투자 비중에 대해 진지하게 고민할 때가 도래한 것이다. 여기서 고민은 '주식시장의 어떠한 시점에서 자금의 증감 여부를 결정해야 하는가' 하는 점이다.

한편 일부 투자자의 경우 돈이 생길 때마다 주식에 투자하는 경우가 있는데, 이러한 행위를 어떻게 봐야 할까? 주식은 언제나 편하게 투자할 수 있는 것이라고 해서, 개인투자자가 1년 내내 주식에 투자하겠다고 하는 것은 심히 부담스러운 상황이라는 점을 알아야 한다.

주식투자는 계획성 있게 여유 자금을 가지고 시행해야 한다. 그렇지 않으면 자금이 생길 때마다 주식시장에 넣고자 하는 유혹에 빠질 수 있다. 만약 그렇게 된다면 일상생활을 위한 여유 자금이 부족해져 곤란한 경우가 생길 수도 있다. 투자는 철저히 계획 하에 이루어져야 한다.

주식심리학자인 마틴 프링은 그의 저서 《심리 투자 법칙》에서 개인투자자들에게 매우 유용한 투자 아이디어를 제공하고 있다. 그는 개인투자자들에게 '게릴라와 같은 전법'을 사용해야 한다고 강조한다. 즉 개인들은 매번 전투를, 즉 매매를 하려 하지 말고 자신이 유리할 때만 매매를 하라는(즉, 게릴라식으로 전투하라는) 것이다.

결론을 이야기하면, 2022년은 주식투자를 줄여가는 시기로 만들어

게릴라 전법

게릴라 전법은 기관의 펀드매니저 등과 달리 개인투자자들에게 유리한 투자법을 지칭하는 말이다. 펀드매니저들은 상대적으로 많은 정보와 자금력을 바탕으로 주식시장에서 소위 큰손의 역할을 할 수 있다. 하지만 대부분의 개인투자자는 상대적으로 적은 정보와 자금력을 가질 수밖에 없기 때문에 그들과 정면에서 맞붙어 싸우는 것은 쉽지 않다는 점을 알아야 한다.

그러면 생존을 좌우하는 전쟁터 같은 주식시장에서 소수(개인)가 대군(펀드매니저)과 맞닥뜨려 싸워야 하는 경우 어떻게 해야 할까? 그들과 주식시장에서 매번 정면에서 부딪친다면 곤란해질 가능성이 커진다. 이러한 이유로 소수는 자신이 유리한 경우에만 '치고빠지기'식의 싸움을 해야 한다. 그렇지 않고 매번 무모하게 싸움을 했다가는 큰코다치게 된다. 이러한 상황을 '게릴라 전법'이라고 부른다.

야 한다. 특히 2020년 주식투자를 처음 시작한 투자자라면 더욱 비중을 많이 줄여야 한다. 이제부터 주식투자는 더욱 어려워질 수밖에 없다. 그러므로 자칫 주식투자를 확장하면 감당하기 쉽지 않은 상황이 연출될 수밖에 없다고 생각한다.

2022년은 강세장의 조정 시기가 될 것으로 보인다. 상승 후 도래하는 쉬어가는 장세가 될 가능성이 크다. 그렇기에 주식투자 비중을 줄여놓아야 다음 강한 상승 시장에서 잘 대응할 수 있다.

당장 주식을 크게 줄이지 못한다면 일정 현금 비중을 가져가는 연습을 하자. 이것이 익숙해지면 주식의 비중을 점차 줄여갈 수 있을 것이다.

 제리 의견 주식 비중을 늘린다

타이밍에 대한 고민

앞에서 2022년은 여전히 긍정적인 시장이라고 제리 나름의 전망을 정리한 바 있다. 그에 따라 당연히 주식 비중은 꾸준히 늘리는 전략에 초점을 맞춘다. 하지만 2020년처럼 느긋하게 'Buy & Hold(매수 후 보유, 즉 사서 묵히기)' 전략으로 시장에 대응하기는 어려워 보인다. 강조했던 것처럼 2020년의 빠르고 강한 상승 이후 '이 정도 상승세를 유지해가는 게 맞아?'라며 시장은 계속 확인하고 싶어 할 것이다. 그 의문에 맞게 경기 회복세와 긴축 통화 정책의 시소 게임, 높아진 눈높이에 맞는 기업 실적의 호조세와 피크아웃의 우려 등을 하나씩 점검해가며 안도의 한숨과 불확실성의 증폭이 교차되는 시장의 패턴에 무게를 둔다.

결국 변동성도 커지고 주식매매의 대응 또한 난이도가 쉽지 않을 것이다. 하지만 시장에 흔들리며 고점 매수 및 손절매로 대응하다간 '시장은 크게 하락한 것도 없는데 왜 내 계좌만 엉망이지?'라는 자책이 들 만한 장세일 수 있다. 따라서 매매의 타이밍과 투자 마인드의 관리가 같이 병행되어야 할 시점으로 보인다.

먼저 주식 비중을 늘리는 시각에서 적절한 타이밍에 대한 고민이 필요하다. 주식 비중을 늘리는 입장에서는 싸게 사야 한다. 2022년에도 불확실성이 커지면서 이어지는 주가의 하락 구간에 얼마큼 적절히 잘 대응하느냐가 가장 큰 관건이다. 말은 쉽지만 실행으로 대응하기는 어렵다.

외국인이 대규모로 매도하는 수급의 압박이 이어지고 뉴스 기사에는 어두운 단기 전망이 가득할 때, 시장에 휘둘릴 수밖에 없는 시점이다. 이때 그 불확실성을 안고 주가가 이미 이를 반영해 하락해 있다는 사실을 꼭 기억해야 한다. 알고 있는 악재, 불안감은 어느 정도 주가에 반영되어 있는데 더 하락할지 모른다는 두려움에 정보를 찾느라고 여기저기 뉴스 기사나 주식 정보 블로그, 관련 유튜브를 클릭하는 순간 더 심란한 생각이 들 수밖에 없다. 앞으로 더 하락할지 모른다는 막연한 불안감이 최근에 하락한 주가를 무시하고 주식을 팔아야 한다는

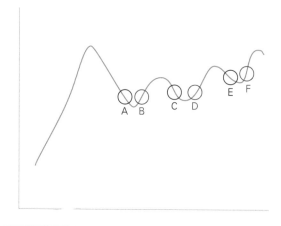

생각에 사로잡히게 된다. 결국 주가의 매수 타이밍은 불확실성이 커지고 노이즈가 클 때 가장 싸게 살 수 있다는 점이다. 간단한 주가의 변화와 타이밍을 요약해본다면 [도표 52]에서 A~F까지의 시점의 변화이다.

[도표 52]에 표시된 것처럼 A·C·E는 주가가 하락하는 가속 구간이다. B·D·F는 하락을 마무리하고 살짝 반등이 이어지는 구간이다. 또한 A·C·E는 "떨어지는 칼날을 잡지 마라", "여기가 바닥인지 어떻게 아느냐", "외국인 매도 이제부터 시작이다" 등 다양한 노이즈로 인해 심리가 위축될 수밖에 없는 구간이다. 하지만 오히려 이를 적절히 활용해 비중을 늘려가는 역발상 또한 필요한 시점이다. 특히 A·C·E 구간을 잘 활용하면 의외로 최저점에 잡는 행운도 생긴다. (하지만 이를 바라면 안 된다. 그냥 용감한 액션에 따른 보상이고 운일 뿐이다.)

이 부분이 자신 없다면 한풀 매도세가 꺾여 안정이 시작되는 B·D·F 구간이라도 노려야 한다. 하지만 지금까지 많은 투자자를 지켜본 결과 A·C·E의 패닉 구간은 잘 버티다가 살짝 안정이 나오는 B·D·F 구간에 앞으로 다시 하락할까 봐 주식을 정리하는 경우가 많았다. F 이후 본격적으로 반등이 나오는 구간에 (미리 잘못 판 것 같아서) 다시 부랴부랴 쫓아가면 저점 매도, 다시 고점 추격 매수의 악몽이 시작될 뿐이다. 그래도 빠르게 현실을 인정하고 다시 매수에 동참하는 경우는 나을 수 있다. 오히려 저점에서 정리한 주식을 놓치고 다시 타이밍을 노리다가 회복된 주가를 보고 망연자실해지는 경우 또한 많다. 이 시점에서 가장 큰 무기는 분할 매수이다. 저점이 어디인지는 아무도 모른다. 그리고 내가 저점을 맞춘다는 보장도 없고 그것을 기대할 수도 없다. 그렇다면 시장을 이용해 싸게 사겠다는 나의 의지를 액션에 옮기는 방법이 가장 중요하다.

도표 53. 분할 매수와 예상 주가 움직임

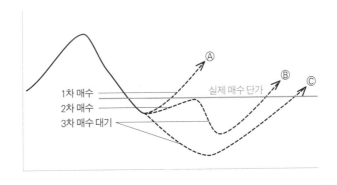

보통 세 번 정도의 균등 분할 매수를 권하고 싶다. 즉 현재 주가를 감안해 같은 금액 비중으로 세 번에 나누어 매수를 대기한다. 이때 2·3차 대기 자금은 같은 금액이어도 주가가 하락한다면 더 많은 수량을 매수할 수 있기에 좀 더 단가를 낮추는 효율적인 관리가 될 수 있다. 투자금이 적더라도 습관적인 분할 매수는 향후 나의 투자 근육을 키우는 데 큰 도움이 된다.

1차 매수는 떨어지는 칼날이라고 하더라도 어느 정도 불확실성을 반영한 주가라면 진입하는 데 무게를 두고 2차 매수는 1차 매수보다 더 낮게 초점을 맞춰야 한다. 특히 저점을 확인하고 안정을 이어가는 시점에 진입해도 좋다. 하지만 3차 매수는 추가 하락을 대비해 한 번 더 대응할 수 있는 여력에 포인트를 맞춰야 한다. A처럼 바로 반등하는 경우면 모르겠지만 B·C처럼 추가 매수의 기회가 이어질 수 있는 구간을 좀 더 효율적으로 사용하기 위한 나만의 대비책이라고 볼 수 있다.

추가 3차 매수의 기회가 오지 않고 반등할 때 이를 단가를 올려 매수에 가담하는 대응보다는 최소한 1차 매수가보다 높지 않게 매수하거나 차라리 1·2차 매수분으로만 확정 짓고 주가에 대응하는 편이 훨씬 좋다. 단가를 높인다면 저가 매수 대응이란 원칙이 퇴색된다. 3차 매수를 못했다 하더라도 이번 주가의 출렁임에 내가 이 정도로 대응할 수 있었다는 자신감을 계속 쌓아 나간다면 점점 더 커질 내 투자금을 관리하고 향후 시장에 꾸준히 대응하는 데 힘을 얻을 수 있게 된다.

앞으로는 시장의 추세를 의심할 만큼 커질 수 있는 변동성에 대응하기 위해서 단단한 투자 마인드와 적절한 자금 배분, 그리고 지수와 종목과의 관계 해석이 중요한 숙제이다. 마지막 장에서 자세하게 다루겠지만 어지러운 시장에서 어떤 대응을 하느냐에 따라 수익률은 크게 차이 날 수밖에 없다. 특히 시장의 지수를 추종하는 ETF나 선물옵션 등의 파생상품을 매매하지 않는 이상 실질적으로 내 계좌의 수익은 보유한 종목에서 발생한다. 시장과 지수 속에서 내 종목을 얼마나 잘 챙기고 지수를 이용해 내 관심 종목의 비중을 잘 늘려가느냐가 관건이다.

매크로한 시장 환경에 너무 신경 쓰다가 정작 실질적인 종목의 움직임을 놓치는 우를 범하지 말아야 한다. 미국 연준 위원의 세세한 신상 정보와 성향을 알아가는 것보다 내가 보유하고 있고 관심을 가지고 있는 기업의 월별 수출 데이터를 확인하는 게 더 중요하다. 높아진 주식시장에 대한 관심을 반영하듯 다양한 뉴스와 채널에서 주식시장 정보를 쏟아내고 있지만 정작 중요한 공부와 관심의 대상은 매매하려는 직접적인 대상인 기업임을 잊지 말아야 한다.

2022년 주식시장 또한 만만치 않은 격랑에 휩싸일 수 있다. 그래도 목적지까지 잘 항해하겠다는 뚝심(멘탈)과 보유한 연료와 해류를 적절히 잘 이용해서 항해의 효율을 높여가겠다는 계산(자금 배분)으로 다짐한 선장에게는 그 어떤 폭풍우가 온다고 해도 두렵지 않다. 결국에는 만선(수익률)으로 목적지에서 환한 미소로 항해를 마칠 여러분들의 배를 기다리고 싶다.

2장

2022년의 선택과 집중,
어디에 무엇에 할 것인가?

: 톰과 제리의 두 번째 주식 대전망

Q1

삼성전자,
더 사도 되는가? 지금이라도 팔아야 하는가?

 톰 의견 그를 너무 믿지 말자

주식 가격은 어떠한 이유로 움직이게 될까?

① 수급

② 세력

③ 기업 가치

④ 랜덤

정답이 눈에 들어오는가? 문제를 냈으니 분명 답이 있을 것 같은데, 이 모두가 정답일 수도, 일부만 정답일 수도 있다.

여기서 투자자들이 꼭 알아야 할 것이 있다. 단기적으로는 네 가지 모두가 정답일 수 있지만, 장기적으로는 3번만이 유일한 답이 되어야 한다는 점이다

왜 그래야 할까? 이유는 명확하다. 만약 3번에 기반해 주가가 움직이지 않는다면 주식투자를 위한 명확한 기준은 없어지기 때문이다. '주가는 기업 가치에 수렴한다'는 명제를 전제로 주가가 움직인다는 것을 절대 잊어서는 안 된다.

다시 강조하지만 '주가는 기업 가치에 기반을 두고 있다'라는 투자자들 간의 합의된 약속 가운데 주가가 움직이게 된다. 그런데 여기서 문제가 발생한다. 기업의 주가가 항상 기업 가치와 동행하는 것은 아니라는 점이다. 일시적으로 주가는 수급 등 여러 요인으로 독자적으로 움직이기도 한다. 이에 대해 프랑스의 위대한 주식투자자인 앙드레 코스톨라니는 주식 가격과 기업 가치 사이의 괴리는 수시로 발생할 수 있다고 봤다. 그 괴리는 상황에 따라 저평가되기도 하고 때로는 고평가되기도 한다는 것이다. 그는 이를 '주인과 산책하는 강아지'라는 비유로 설명한다. 주인과 산책하는 강아지가 있다. 강아지(즉, 주가)는 주인(즉, 기업 가치)을 앞서기도 하고 때론 뒤서기도 한다. 하지만 결국 주인과 같은 길을 간다. 즉 장기적으로 주인과 강아지는 집에 같이 들어가기 때문에 가치와 주가는 만나게 된다는 것이다.

삼성전자는 2021년 9월 현재 소위 '7만 전자'를 기록하고 있는데, 반

면 기업의 실적은 나날이 상승하고 있다. 삼성전자는 기업의 독자적인 가치 평가 외에도 시총 1위 기업으로써 국내 지수를 움직이는 역할도 하고 있다. 나는 이러한 이유로 삼성전자의 주가가 쉽게 상승하지 못한다고 생각한다. 어떠한 면(투자자들)에서는 급격한 지수의 상승이 마냥 달갑지만 않을 수 있기 때문이다.

한편 개인투자자들의 비중이 높아진 것도 삼성전자의 주가 움직임에 방해 요소가 된다고 생각한다. 특히 8~9만 원 사이의 개인 매물은 주가가 상승하는 데 부담이 될 수밖에 없다.

그럼 개인투자자들이 삼성전자에 열광하는 이유는 어디서 찾을 수 있을까? 다른 주식과 달리 삼성전자에 대해서는 '무조건 오른다'라는 거의 신앙에 가까운 투자 형태를 일부 투자자들이 보이고 있다. (하지만 나는 그런 주식은 세상에 있을 수 없다고 생각한다.)

그러면 왜 이러한 상황이 벌어졌는지 살펴볼 필요가 있다. 삼성전자는 상징성이 강한 주식이기 때문이다.

[도표 54]는 소위 자산 관리 전문가들이 많이 사용하는 내용이다. 부동산 투자가 높은 수익률을 달성했을 것이라는 일반적인 생각과 달

도표 54. 삼성전자 vs. 부동산 수익률

	2003년 6월 시세	2020년 2월 시세	수익률
삼성전자	6480원	5만 4200원	830%
대치동 은마아파트	6억 5000만 원	21억 7000만 원	330%
압구정 현대아파트	7억 2000만 원	30억 5000만 원	420%

리 현실에서는 주식시장의 우량주 투자가 더 좋다는 것을 시각적으로 보여주기에 좋은 자료이기 때문이다.

하지만 나는 이러한 잣대로 논의하는 것에 심한 거부감을 느낀다. 이미 시간이 지난 후에 자신들의 의도에 맞는 데이터를 수집하여 만든 자료라 판단하기 때문이다. 이 자료가 의미를 지니려면 향후 30년 뒤에 이러한 수익률을 올릴 수 있는 기업을 지금 현재 시점에서 제시할 수 있어야 한다. 삼성전자는 30년 전에는 최고의 우량주가 아니었다(당시에는 오히려 은행주, 건설주가 우량주였다). 그런데 그 당시에 누가 30년 뒤에 삼성전자의 현재와 같은 주가 상승을 상담할 수 있었겠는가?

다시 말해 만약 30년 전에 삼성전자를 발굴하는 것이 가능했다고 하려면, 지금부터 30년 뒤의 우량 종목을 발굴하는 것도 누구나 충분히 가능하다는 것을 보여줄 수 있어야 한다. (종목을 제시하지 못하면 최소한 미래 종목 발굴 논리는 제시할 수 있어야 한다.)

그래서 미래를 위해 삼성전자를 무조건 보유하자는 시각을 나는 경계한다. '급변하는 세계 경제 속에서 지금까지 이어진 영광을 미래에도 유지할 수 있을까?' 하는 강한 의문이 들기 때문이다.

한편 많은 분이 안정적인 투자를 원해서 삼성전자 주식을 보유하려고 한다. 물론 (다른 면에서) 주식투자에 안정성이라는 것이 성립할 수 있는지에 대해서는 논의가 필요하겠지만, 삼성전자의 상대적인 안정성 정도는 일부 인정할 수 있다.

그러면 무엇이 삼성전자 주가의 원동력이 될까? 이제는 여러 요소 중 수급과 관련된 사항을 살펴보아야 한다고 생각한다.

삼성전자는 지수와의 연관성 때문에 본질 가치와 별도로 지수의 움직임과도 연계가 되는데, 지수를 단기간에 올리거나 떨어트리기 위해서는(파생과 연계된 단기 물량의 영향을 받게 되면) 삼성전자의 매물이 움직여야 하는 문제가 생긴다. 그런데 외국인의 물량을 개인투자자들이 다 끌어안아 개인의 비중이 높은 주식이 외국인 비중은 역대 최저를 기록하고 있다. 즉 여러 이유로 수급이 꼬여 있다고 할 수 있다.

과연 누가 승리할 수 있을까? 흥미진진한 관전평을 다시 쓸 날이 올 것이다.

 제리 의견 **보유 & 하락 시 분할 매수**

사랑이 식어간다?

코로나 발생 이후 2020년 3월 저점 대비 2021년 1월 고점 주가 상승률 +128%, 2021년 고점 대비 7월 말 기준 −19%. 삼성전자의 최근 1년간 성적표이다. 한때는 '동학개미 운동'의 주역이었지만, 그 이후 6개월 간은 오히려 한탄의 주역이 된 대표 종목이다.

희망의 불빛으로 타오르던 기세등등한 국내 증시의 대표주자가 "9층에 사람 있어요, 8층에 거주하는 사람은 어떡해야 하나요?" 같은 하소연을 듣게 된 이유가 뭘까? 가장 중요한 부분은 주가에 따라 마음이 바뀐다는 사실이다. 주가가 하락하고 무거워지기 시작하면 처음에 매수했을 때의 마음이 바뀐다. 삼성전자는 그때와 달리 바뀐 게 없다. 오히려 분기 실적은 점점 더 좋아진다. 그럼에도 불구하고 주가가 하락하자 처음에는 '조금이라도 밀리면 더 사야지' 했던 마음이 이제는 매수에 대해 고민하고 있다. 주가가 안 오른다는 이유만으로. 항상 시장과 주가는 상승과 하락을 반복한다. 변하는 건 그때마다 이어지는 '거친 생각과 불안한 내 마음'일 뿐이다.

삼성전자의 현주소

삼성전자 주식을 보유 중인데 [도표 55]와 같은 내용을 처음 접한다면 반성이 필요하다고 본다. 그런 사람은 언론 기사와 주변의 주식 열기에 휩쓸려 삼성전자를 샀을 뿐이다. 삼성전자는 크게 가전(CE 부문), 스마트폰(IM 부문), 반도체, 디스플레이패널(DS 부문) 등으로 구성되어 있다. 그중에서 IM 부문과 DS 부문이 비슷한 매출로 어깨를 겨뤄가지만, 수익은 DS 부문, 특히 반도체사업부가 월등히 높다(2020년 기준 반도체사업부 영업이익 비중 52%).

삼성전자의 실적이 계속 좋아지고 그 주가가 꾸준히 오르는 데에는 스마트폰이 잘 팔리는지, 메모리 반도체 업황이 좋은지가 중요한 역할을 한다. 코로나19 이후 동향을 보면 사람들의 이동이 제약을 받는 가운데 스마트폰의 판매 또한 위축을 받았다가 충격을 벗어나면서 회복세를 보이기 시작했다. 그사이 미국의 화웨이 제재를 통해 수혜 가능

(단위: 억 원, %)

부문		구분	제53기 1분기		제52기		제51기	
			금액	비중	금액	비중	금액	비중
CE 부문		매출액	129,873	19.9%	481,733	20.3%	453,228	19.7%
		영업이익	11,154	11.9%	35,615	9.9%	25,090	9.0%
		총자산	746,375	13.6%	602,487	11.4%	680,244	13.5%
IM 부문		매출액	292,060	44.7%	995,875	42.1%	1,072,662	46.6%
		영업이익	43,926	46.8%	114,727	31.9%	92,725	33.4%
		총자산	1,688,417	30.8%	1,682,692	31.8%	1,432,804	28.5%
DS 부문	반도체 사업	매출액	190,062	29.1%	728,578	30.8%	649,391	28.2%
		영업이익	33,660	35.9%	188,050	52.2%	140,163	50.5%
		총자산	1,945,748	35.5%	1,863,977	35.3%	1,791,177	35.6%
	DP 사업	매출액	69,230	10.6%	305,857	12.9%	310,539	13.5%
		영업이익	3,644	3.9%	22,369	6.2%	15,813	5.7%
		총자산	633,414	11.6%	661,929	12.5%	642,264	12.8%
	계	매출액	258,238	39.5%	1,030,361	43.5%	955,180	41.5%
		영업이익	37,489	40.0%	211,202	58.7%	155,817	56.1%
		총자산	2,804,857	51.1%	2,741,270	51.9%	2,451,438	48.8%
Haman 부문		매출액	23,673	3.6%	91,837	3.9%	100,771	4.4%
		영업이익	1,131	1.2%	555	0.2%	3,223	1.2%
		총자산	148,923	2.7%	147,020	2.8%	156,091	3.1%

자료: DART 삼성전자 분기보고서

성도 제기되었지만, 오히려 아이폰 판매의 급증과 중국 내 다른 브랜드
의 약진으로 예상보다 강한 판매는 제한적이었다. 메모리 반도체의 경

도표 56. 삼성전자 2021년 1분기 보고서

IM 부문 주요 제품 시장점유율 추이

제품	2021년 1분기	2020년	2019년
스마트폰	21.8%	19.6%	20.9%

반도체 사업 주요 제품 시장점유율 추이

제품	2021년 1분기	2020년	2019년
DRAM	42.0%	42.7%	43.7%

자료: DART 삼성전자 분기보고서

도표 57. 삼성전자 수익성 지표 vs. 삼성전자 PER 밴드

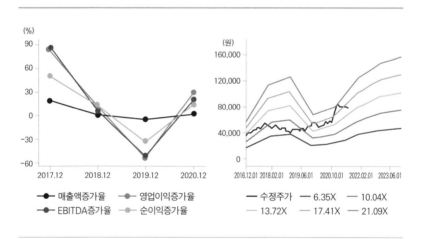

자료: Fn가이드

우 온라인 비대면 효과 속에 기업들의 관련 IT 투자가 늘어나면서 서버용 D램 중심으로 호조세를 보였다. 서버용 D램은 가격 상승세 속에서 지난 2017~2018년에 보여주었던 슈퍼 사이클까지 기대되면서 삼성전자의 실적을 끌고 왔다. 이와 함께 실적 또한 2019년을 저점으로

2020년에 이어 2021년 실적도 양호할 것이라는 희망이 2021년 초 주가의 상승세로 이어졌다.

이 과정에서 눈에 띈 건 실적의 성장세 이상으로 기대가 높아져서 주가가 먼저 강하게 상승한 부담이다. PER 밴드(기업의 역사적 PER 수준을 나타내는 밴드) 추이를 보면 2021년 1월의 주가는 과거 삼성전자의 실적과 주가를 비교할 때, 주가가 더 빠르게 반영됐다는 사실을 확인해준다. 그만큼 주식에 대한 열기와 유동성이 크다 보니 '절대 망하지 않는 회사', '한국 증시의 간판스타'라는 삼성전자에 관심이 집중됐다. 10만 전자에 대한 열광과 그에 걸맞은 실적은 앞으로 기대할 만하겠지만, 좋지만 과도한 쏠림은 오히려 주가의 정체가 이어지는 결과를 낳고 있다.

단순히 삼성전자의 순이익 흐름만 보더라도 아직 과거 반도체 슈퍼

도표 58. 삼성전자 월봉 vs. 주당 순이익(EPS) 추이 vs. 삼성전자 일봉과 외국인 지분율 추이

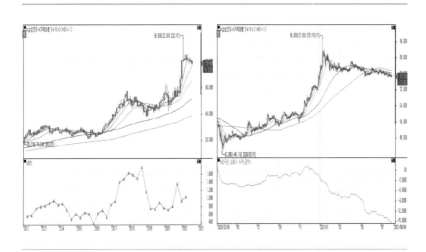

자료: 메리츠증권HTS

사이클에 버금갈 만한 수준은 아닌데 주가는 그 이상으로 올랐다는 사실을 발견할 수 있다. 물론 그동안 벌어 놓은 이익이 회사에 누적돼 쌓여 있다고 하더라도 주가가 앞서간 부분은 뚜렷하다. 그런데 이렇게 기대를 한껏 받은 주가를 외국인은 외면하고 있다. 즉 외국인의 입장에서는 보유하고 있던 포트폴리오에서 삼성전자의 주가 강세로 커진 비중을 기계적으로 덜어낼 수밖에 없는 대응이 나타나고 있다. (포트폴리오에서 삼성전자의 비중을 10%로 유지하고 있었는데 삼성전자의 주가가 20% 상승한다면 포트폴리오 내 비중이 그만큼 커지게 된다. 따라서 오른 주가만큼 비중을 매도해 일정 비율을 맞추는 작업 속에서 나타나는 외국인의 매도세가 초점이다.)

삼성전자의 향후 변화

삼성전자의 주가가 반등하려면 두 가지가 중요하다. 실적이 예상 이상으로 **빠르게 좋아지거나**, 아니면 삼성전자가 글로벌 시장을 선도할 성장 동력을 보여주거나 해야 한다. **첫째, 반도체 관련, 메모리 반도체 업황이다.** 스마트폰이 성숙기에 진입하면서 출하량 확대에 대한 의문이 이어지는 가운데 모바일 D램이 성장할 수 있는지, 인터넷 기업의 투자가 계속되면서 서버용 D램의 수요가 늘어날지, 코로나19 사태로 호황을 맞았던 노트북·PC 등 IT 기기의 수요가 여전할지 등을 고려한 메모리 반도체 업황을 주시할 필요가 있다. 이와 함께 인텔의 새로운 CPU(12세대 엘더 레이크)의 등장, MS(마이크로소프트)의 새로운 운영체제 윈도우11로 인한 기존 DDR4에서 DDR5로의 전환, 전기차 확대에 따른 전장용 D램 수요 증가 등은 기대해볼 만한 요인이다.

차후 UAM(도심 항공 모빌리티), 우주 항공 산업 등의 발달과 AI, 메타버스 등이 트렌드가 되면서 나타나는 4차 산업혁명의 강화는 당연히 메모리 반도체의 수요 확대를 가져올 수밖에 없다. 이와 함께 비메모리 반도체의 성장에 얼마나 잘 대처해 나가는지 또한 관건이다. 현재 TSMC라는 큰 산이 가로막고 있고, 여기에 인텔이 파운드리 시장으로 진입하겠다고 선언하는 상황에서 미국 공장 투자를 확정하지 못하는 등 향후 전략의 부재가 불안으로 다가오는 건 사실이다. 하지만 미세 공정의 기술 경쟁력(3나노 차세대 공정 GAA 기술 등)으로 돌파구를 마련하는 등 변화가 가시화된다면 삼성전자의 자신감은 선명해질 것이다.

또한 초기 스마트폰의 혁신을 애플이 주도했다면 차세대 혁신은 삼성전자가 주도하고 있다. 그 결과물인 폴더블폰을 비롯한 향후 신제품들이 트렌드화되기 시작한다면 삼성전자에 대한 기대는 더 커질 수 있다.

도표 59. 글로벌 반도체 파운드리 시장점유율 vs. 반도체 미세 공정 기술 진화

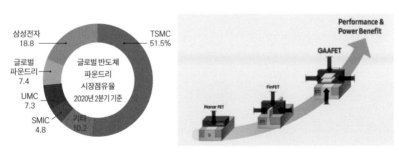

자료: 트랜드포스(좌), 삼성전자 홈페이지(우)

그와 함께 M&A 이후 영향력이 작았던 하만(Harman) 사업부 전장 부문의 역할이 재정립되고 보유 현금을 활용한 기업 M&A 성과가 확인된다면 또 다른 재평가의 가능성이 커진다.

마지막으로, 삼성전자의 기업 가치 레벨업을 위한 소프트웨어의 강화이다. 지금까지의 삼성전자는 반도체 및 IT 기기에서 첨단 제조사의 이미지가 강하다. 하지만 글로벌 IT 하이테크 기업으로 진화하기 위해서는 제조와 관련된 하드웨어보다 소프트웨어 및 무형자산의 가치 향상이 무엇보다 중요하다. 아이폰 판매 확대 이후 애플의 실질적 수익은 관련 서비스에서 나왔다. 테슬라의 전기차가 다른 자동차 메이커의 시장 진입에도 불구하고 여유를 가지는 이유는 자율 주행 같은 소프트웨어의 강점에 있다. 이를 계속 업그레이드하여 정기 구독화한 수익이 창출되기 시작한다면 다른 전기차가 보여줄 수 없는 뛰어난 수익 모델을 갖게 된다. 삼성전자 또한 첨단 기술 선도력 외에 소프트 파워를 보여줄 동력이 확인된다면 기존의 제조업 평가가 아닌 레벨업된 기업 가치가 부여될 수밖에 없다.

삼성전자 더 살까요?

주가의 정체에도 불구하고 삼성전자는 꾸준히 좋은 실적을 내고 있고 앞으로도 좋은 실적을 보여줄 것으로 보인다. 따라서 처음에 매수했던 마음 그대로 주가가 흔들릴 때마다 모아가는 전략은 여전히 유효할 것으로 보인다.

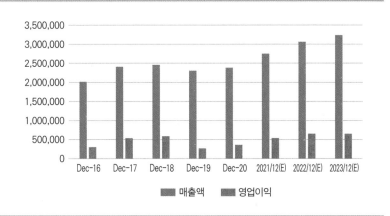

자료: Fn가이드

반도체 슈퍼 사이클에서 보여주었던 이익 규모는 2022년쯤 넘을 것으로 보인다. 이를 미리 반영해 주가가 먼저 올랐다면 이 과정에서 이어지는 주가의 정체를 좀 더 긴 호흡으로 대응할 필요가 있다. 비싸게 샀다면 당연히 단가를 낮추고 비중을 늘리는 쪽으로 대응해야 한다. 특히 3.8%의 연간 배당률은 또 하나의 기회 요인이다. 분기 배당이기 때문에 지급되는 현금으로(투자자 입장에선 연간 배당보다 짧아진 현금 유입) 더 다양한 전략을 짤 수 있다.

뉴스에서 삼성전자의 무거운 주가에 대해 분석하고 부정적인 뉘앙스가 많아져도 주가가 상승 반전하면 항상 분위기가 바뀐다. 지나고 보면 부정적인 뉴스가 많았을 때가 비중을 늘릴 때였지만 그러지 못해 늘 후회했던 자신의 투자 현실을 돌아보는 계기가 되어야 한다. 엉덩이가 무거운 투자자에게 한 번도 실망을 보여준 적이 없는 기업에 할 수 있는 최소한의 대응이 무엇인지 다시 한번 생각할 때라고 본다. 또한 삼성전자의 전략 강화와 함께 수혜를 볼 수 있는 DDR5 관련주, 비메모리 반도체주, OLED 투자 확대 수혜주 등 밸류 체인 업체의 변화 또한 확인해볼 필요가 있다.

Q2

현대차,
더 사도 되는가? 지금이라도 팔아야 하는가?

 톰 의견 굳이 보유하기엔 부담이다

여기서 왜 현대차를 이야기할까 생각이 들 수 있다. 기업의 실적은 좋은데 주가가 움직이지 않는 이유는 앞서 삼성전자를 두고 충분히 이야기했기 때문이다. 그러면 현대차도 같은 맥락에서 보아야 하나? 실적이 좋다는 이야기는 여전히 여기저기서 들린다.

먼저 자동차라는 재화가 가지는 남다른 특성부터 살펴보자. 자동차는 '선호'가 제일 중요하다. 일반적으로 자동차는 상대적 가격에 민감한 상품이 아니다. 다시 말해 자동차를 선택할 때는 모델에 관심을 가지

[이코노미스트] 입력 2021.07.22 14:59

"차가 잘 팔렸다" 현대차 매출 늘고 영업익 7년 만에 최고

> 2분기 매출 30조3261억원, 영업이익 1조8860억원
> 반도체 수급 차질에도 글로벌 판매량 73.6% 증가

지, 민감하게 가격에 맞는 자동차를 선호하지는 않는다.

이러한 선호 방식은 다양한 역할을 하는데, 일단 소비자들의 선호가 일어나면 중기적으로 해당 모델이 잘 팔린다. 따라서 그동안은 쉽게 기업의 이익이 꺾이지 않는 모습을 기대할 수 있다. 역으로 과거 현대차가 중국 시장에서 소비자들의 SUV 선호에 부응하지 못해 판매량 저조로 일정 기간 고생했던 경험을 기억하고 있을 것이다. 따라서 소비자의 선호는 현재 벌어지고 있는 차량용 반도체 공급 부족 문제가 기업 실적에 중기적으로 영향을 미치지 못하게 한다. 차량의 인도 지연이 소비자가 선택한 자동차의 교체로 이어질 가능성은 매우 희박한 것이 현실이다. 따라서 소비자의 선호를 타는 것이 매우 중요하다.

현재 현대차는 소위 화려한 전성기를 맞고 있다고 보아야 한다. 다양한 차종의 글로벌 판매량이 견조한 판매 흐름을 나타내고 있기 때문이다. 더군다나 전기차, 수소차 등 친환경 자동차의 비중도 점점 증가하

고 있다(제네시스 시리즈는 수개월을 기다려야 한다).

하지만 글로벌 업체들의 경쟁력 또한 만만치 않다. 이들의 전기차 등 친환경 부문의 선전도 만만치 않다. 현대차만 독주하는 것이 아니다. 따라서 현대차만 비교우위가 크다고 생각해서는 안 된다.

현대차의 주식 또한 개인투자자들의 높은 비중으로 인해 상대적인 주가 탄력이 떨어지고 있다고 보인다. 따라서 중기적 관점의 시각이 필요한 주식이라고 생각한다.

더군다나 글로벌 경쟁력이 갈수록 치열해지는 것도 현대차에는 위협 요소이다. 커가는 중국의 수요가 일정 부분 수요를 감당했지만, 시간은 현대차 같은 글로벌 기업에 유리하게 작용하지 않는다. 중국 로컬 업체들도 상당한 기술 개발을 이루어낼 수 있기 때문이다.

그러면 여기서 시장에서 인기를 끌고 있는 전기차 관련주는 어떻게 보아야 할까? 전기차 관련주는 전망이 매우 밝다고 많은 전문가가 이야기하고 있다. 탄소 배출을 줄이려는 세계적인 움직임에 부합하기 때문이다.

그런데 전기차 중 특히 2차 전지는 완성 업체와 소부장(소재·부품·장비) 업체를 차별화해야 한다고 생각한다. 그렇다면 투자자는 이들 중 어디에 더 신경을 써야 할까?

먼저 더 대형주인 완성 업체에 대해 생각해보자. 대표적으로 LG화학, SK이노베이션, 삼성SDI 등을 들 수 있는데 이들 중 LG화학과 SK이노베이션은 물적 분할을 했다. 이러한 결정은 아쉽게도 주주보다는 기업 입장에 치우쳤다고 할 수 있다.

이 결정으로 인해 두 회사는 물적 분할이 되었기 때문에 신규 상장 회사(배터리 회사)에 대한 투자로 고려하면 한다.

그다음, 2차 전지 소부장은 어떠할까? 필자는 이들 중 소재 관련주에 대한 투자가 유망하다고 생각한다. 소재 업체들은 앞으로 판매처가 늘어나는 상황을 맞이할 것으로 보고 있는데, 이는 대부분의 자동차 회사들이 배터리 내재화를 목표로 하고 있기 때문이다. 그래서 소재 업체들은 너나 할 것 없이 증설하고 있다(머니투데이, 21.08.10 기사 참조).

증설과 관련된 이야기는 뒤에서 자세하게 다시 다룰 예정이다. 다시 이야기하시만, 현대차와 관련해서는 보수적 입장을 견지한다. 굳이 중기 보유하기에는 시장에 우량 종목과 가격 탄력성이 높은 종목이 많다. '언젠가 올 때'를 기다리는 것은 너무 힘든 일이기 때문이다.

 제리 의견 보유 & 하락 시 분할 매수

실적과 주가가 다른 현대차

최근 주가가 하락하면서 또 다른 고민으로 다가오는 기업이 현대차이다. 실적도 좋고 미국이나 유럽에서의 시장 점유율 또한 좋아지는데 주가는 하락하는 현실에 애가 타기만 한다. 코로나가 발생하고 2020년 3월 저점 대비 2021년 1월 고점 주가 상승률 +340%, 2021년 1월 고점 대비 7월 말 기준 -24%. 삼성전자보다 더 큰 폭의 상승을 보였고 고점 대비 낙폭 또한 더 크다. 하지만 이러한 단순 비교보다 글로벌 자동차 대표 종목과 비교해보면 확연한 차이를 느낄 수 있다.

테슬라의 강력한 전기차 시장 선도력과 주가 변화가 눈에 띄지만 다른 자동차 회사의 추세는 비슷하다. 단 현대차의 경우 2021년 1월과 상반기, 애플카 협력 기대와 친환경차 판매 기대감이 더해지면서 주가의 단기 상승이 강화되다 보니 그에 따른 후유증을 겪는 과정으로 보인다. 특히 2019년부터 선보인 펠리세이드(현대), 텔루라이드(기아)의 SUV 인기와 북미 지역 시장 점유율 확대, 인도 등 신흥국 시장에서의 성과가 돋보이는 과정에서 친환경차의 성장 기대감이 같이 나타나다 보니 단기 쏠림이 강화되었던 것으로 보인다. 기대가 컸던 만큼 이제는 성장을 지켜보자는 차분함이 오히려 주가의 하향세를 가져오는 결과로 나타난다.

도표 62. 현대차(좌) vs. 테슬라(중) vs. 포드 월봉(우) 추이

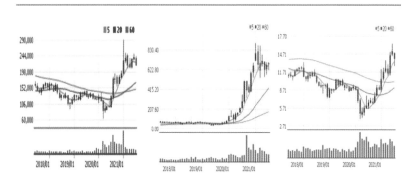

자료: 네이버 금융

주가가 급등할 당시, 과거 평균적으로 보여왔던 현대차의 밸류에이션에 부담이 갔던 건 사실이다. 자산 대비 저평가의 대명사(PBR 0.5배)로 자리 잡았던 현대차가 PBR 1배를 보였던 건 기록적이었다. 하지만 영원한 저평가는 없다. 걸맞은 성장과 실적의 흐름이 확인된다면 주가의 변화는 저평가를 발판으로 도약하게 된다. 향후 2021년과 같은 레벨업된 실적 성장세가 유지된다면 정체를 털고 주가 전환이 이어질 수 있다.

이를 위해 확인해야 할 사항이 있다면 무엇보다 현재 예상되는 실적과 함께 보여줄 성장 가치이다. 현재 SUV 중심의 실적이 눈에 띄지만 앞으로 관선은 강화된 글로벌 친환경 정책에 따라 전기차, 수소자 등의 경쟁력을 얼마만큼 가질 수 있느냐이다. 전기차의 경우 가장 큰 성과가 E-GMP를 통한 집약화와 플랫폼화이다. 즉 내연기관 자동차보다 효율적인 에너지 관리와 공간 활용을 위해 표준화된 시스템을 갖춘 뒤 그

도표 63. 현대차 실적 추이 및 전망(좌) vs. 현대차 PBR 밴드 추이(우)

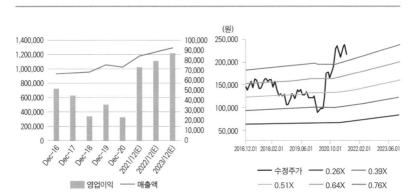

자료: Fn가이드

에 따라 기본 틀을 확정하여 자동차 라인업을 다양하게 강화할 수 있다. 이 플랫폼화된 시스템은 부품사와의 협업에서도 큰 경쟁력을 발휘할 수 있고 앞으로 더 진화된 시스템으로 발전해갈 때도 부품 공급사와 효율적인 관리를 해나갈 수 있다는 강점이 있다.

결국 현대차가 전기차라는 시대적 변화에 잘 적응할 수 있을까 하는 의문이 최근 주가 정체의 주요 원인으로 보인다. 주가가 하락하면 대처를 잘하지 못하는 것으로 여겨진다. 하지만 단기적 주가와 상관없이 성과를 보이려 노력하는 기업에 대해 미리 포기하고 외면할 필요는 없다.

현대차의 숙제

가장 많이 이야기되는 부분이 공급 관리와 원활한 출하 여부이다. 최근 차량용 반도체 부족 현상으로 인해 잘 팔리는데도 공급이 받쳐주지 못하게 되면서 나올 수 있는 실적의 위축 가능성, 그와 함께 더욱 출하가 지연될 수밖에 없는 전기차 공급은 고민이 될 수밖에 없다. 여기에 노조와의 관계, 상승한 원자재 가격의 부담, 급등한 해운 운임 등의 운송 비용 또한 현대차의 부담으로 꼽힌다.

하지만 이는 노조 문제를 제외하면 다른 글로벌 자동차 회사도 함께 겪고 있는 공통의 문제이다. 오히려 출하량 지연으로 대기 현상이 이어지다 보니 자연스럽게 원가 상승을 반영한 신차의 가격 인상도 거부감이 없게 된다. 따라서 출하량 지연 요인 등이 주가에 부담이 될 가능성은 작다.

하지만 이런 우려감이 다른 글로벌 자동차 회사 대비 과도한 주가 하락으로 이어진다면 당연히 비중을 늘려 대응하는 전략이 필요하다. 또한 수소·전기 차의 경우 (큰 관심을 보이지 않는) 타 자동차 브랜드와는 다른 현대차의 대응 강화가 오히려 이슈가 된다. 타 자동차 브랜드는 오히려 선택과 집중에 무게를 두어 당장의 전기차 라인업 강화에만 신경 쓰기 때문이다. 상용화를 먼저하고 기술력을 높이고 부품 공급 라인을 체계화시킨 점은 논란이 아닌 현대차의 강점으로 자리 잡아야 할 상황이다.

글로벌 성과에서는 전 지역의 뚜렷한 성장세에 비해 중국의 점유율 회복 부진이 현대차의 약점으로 거론된다. 과거 사드 배치 사태 이후 한한령의 피해가 아직 복구되지 못한 상황이다. 자동차 수요를 기대하는 대표적 신흥국의 관점에서 중국에서의 성공이 필요한 상황이지만 이는 비용과 성과를 고려할 필요가 있다. 무리한 마케팅 비용 대비 성과가 낮다면 오히려 부담으로 다가온다. 성과가 좋은 지역 중심으로 집중 공략을 하는 것이 총 실적에 더 긍정적인 결과를 가져올 수 있다.

마지막으로 수익성의 제고이다. 일본 자동차 회사는 물론이고 글로벌 자동차 회사와 비교했을 때도 상대적으로 낮은 영업이익률은 여전히 숙제로 남아 있다. 인건비 등의 비용 통제, SUV 중심 고급 차량의 판매 확대(마진 확대), 전기차 라인업 확대, 로보틱스 상용화 등으로 두 자릿수 가까운 영업이익률이 자리 잡는다면 현대차에 대한 재조명은 당연히 이루어지리라 본다.

현대차 더 살까?

주가보다 출하량 변화를 먼저 확인할 필요가 있다. 안정적인 출하량이 확인되면 주가의 반전을 기대할 수 있지만, 그 이전에는 소강상태일 가능성이 크다. 오히려 우려감으로 인해 과도하게 주가가 하락할 때는 과감한 저점 매수 전략에 초점을 맞춘다. 소외된 주가에서 실망 매물이 나올 때 의미 있는 저점이 나타난다는 점을 염두에 두면서 이를 활용해야 한다. 또한 상대적으로 나은 실적 개선세와 영업이익률을 보여주는 기아차와 전기차 등 친환경 부품 라인업을 갖춰 현대차와 보조를 맞춰 가는 자동차부품주 또한 공부해야 한다. 초기 친환경차 라인 구성과 판매 시기에는 단가 인하의 압력이 제한으로 작용할 것으로 보인다. 지난 2~3년간 완성차의 부진으로 기업 가치 대비 할인받아 오던 자동차부품주가 친환경 부품의 공급으로 저평가를 해소할 가능성 또한 높다.

 제리의 공부해볼 만한 기업

자동차 부품주
코프라: 플라스틱 컴파운드(자동차 경량화) 주력 + 친환경차 에너지 효율 위한 수요 확대 예상
KCC글라스: 코리아오토글라스 합병으로 건축용 외 자동차용 유리 포함 + 글로벌 유리 가격 상승 수혜
서진시스템: 알루미늄 기반 함체 및 케이스 제작 + 서진오토 설립 이후 5G 부품 매출 비중 감소 vs. 차량 경량화 부품 비중 증가

Q3

선택해야 한다면,
네이버인가? 카카오인가?

 톰 의견 이젠 네이버를 보자

네이버와 카카오. 시장에서 가장 뜨겁게 관심을 받고 있는 주식 중 일부이다. 이들은 고속으로 성장하는 기업에 대한 다양한 투자 아이디어를 제공하며 지금까지 보통의 제조업이 가지 않는 새로운 길을 가고 있다.

하지만 많은 투자자가 관심을 가질 경우, 마음 놓고 편하게 투자하기보다는 오히려 더 신중하게 투자에 임해야 한다고 생각한다. 또한 성장주, 특히 고속 성장주는 통상 PER(밸류)이 높다. 이는 성장에 대한 투자자들의 기대가 크게 반영되기 때문이다.

EPS(주당 순이익) × PER(투자자가 주식에 부여하는 밸류) = 주가

통상 주식의 적정 가격을 구할 때는 기업의 이익인 EPS에 투자자들이 부여하는 PER을 곱하게 된다. 이때 성장주는 기존 제조업보다 높은 PER을 쉽게 부여받게 된다.

그런데 이러한 주식에 장기투자를 할 때 중요한 것은 시장의 높은 기대치를 기업이 과연 궁극적으로 달성할 수 있는가 하는 점이다. 기업은 일정 시간이 흐르면 시장의 기대치에 부합하는 실적을 꼭 내야만 한다. 그래야 주가가 정당화되며 주식의 가격이 계속 상승할 수 있기 때문이다.

물론 고속 성장 기업의 높은 밸류를 과거의 재무제표만 보고 판단하기는 어렵다. 그래서 PER을 선행으로 가져오지 않는 한 매우 높은 밸류는 부담이 된다(고 PER은 과거 실적을 기준으로 하는 경우가 많다). 그래서 이를 검증하는 지표가 필요한데, 이때 활용하는 지표가 PEG(Price-Earning to Growth Rate, 주가이익증가비율)이다.

PEG = PER / 이익성장률

PEG는 피터 린치가 명저 《월가의 영웅》에서 밝힌 바 있는데, 높은 밸류의 고속 성장주에 대한 투자 평가를 하기 쉽게 하기 위한 지표로

활용되고 있다. 이렇듯 PEG는 고 PER의 당위성을 증명하는 지표라고 부를 수 있다. PER이 아무리 높더라도 성장률이 높다면 PEG는 '1'이 되고 그러면 현재의 주가 수준은 충분히 인정할 수 있게 되는 것이다.

메디톡스(보톡스 전문 업체)
2021년 PER 38배
2021년 순이익 성장률 38%(네이버 증권 2021년 6월 기준)
PEG = PER / 이익성장률 = 38/38 = 1

성장주가 계속해서 투자자에게 수익을 주기 위해서는 일정 기간이 지난 후에 그 결과물을 내놓아야 하는 '숙제'를 가지게 된다는 것은 앞서 이야기했다.

투자자들은 2015~2016년 제약과 바이오가 시장을 주도할 때 이들 업종에 대해 평균 약 40배가 넘는 PER을 부여했던 사실은 이미 알고 있다(종목 PER이 아니라 업종 평균이다). 이후 2021년 9월 현재까지 당시의 예상 실적과 차트상 고점을 돌파하지 못한 주식들이 꽤 된다. 일부 기업은 신약 개발에 대한 기대감을 접어야 했고, 일부 기업은 도덕성 문제로 투자자들에게 시름을 안겨주었다. 이처럼 기업이 시장 기대치를 달성한다는 것은 생각처럼 쉽지 않다. 모든 기업이 자기 예상처럼 발전한다면 기업 운영이 그다지 어렵지 않을 것이고, 투자도 쉬울 것이다.

통상 기업이 성장하는 과정에서는 다양한 난관을 만나게 되는데, 이를 어떻게 극복하는지가 향후 성장성의 관건이 된다고 할 수 있다.

네이버와 카카오는 같은 듯 다른 기업이다. 여러 의미에서 그렇다. 그렇다면 질문에 어떻게 답을 해야 할까?

많은 투자자가 두 기업을 대표적 플랫폼 기업이라는 점에서 같이 보는 시각도 있지만, 이러한 부분에서조차 이 둘은 다르다. 내가 주목하는 부분은 그들의 성장 방식에서의 차이점이다.

2020년 초반 나는 한 방송에서 공개적으로 카카오를 적극 추천했다. 그 당시 반응은 '플랫폼이 우월한 네이버를 두고 웬 카카오냐'는 시각이 대다수였다. 그때 내가 카카오를 추천할 수 있었던 이유는, 당시가 카카오의 적자 사업부 대부분이 흑자로 전환되는 원년이라 판단되는데, 주가는 적자 당시 상황의 연장선에 있다는 것을 간파했기 때문이다. 이후 약 10만 원 초반의 카카오는 약 60만 원까지 거의 수직으로 상승하면서 소위 국민주가 되었다.

2021년 9월 기준, 성장 일변도에 있던 카카오에 '규제'라는 단어가 등장했다. 이는 카카오에 크나큰 변수가 될 것이다. 이 규제 문제는 다양한 경제 주체들이 슬기롭게 잘 풀어나가겠지만, 이는 카카오의 현재 상황에 변화를 가져올 가능성이 크다. 따라서 다양한 규제 이슈는 카카오 주가의 발목을 잡을 가능성이 다분하다.

그러한 가운데 필자(톰)는 지금 네이버를 주목한다. 네이버는 카카오와는 다른 방식의 성장 모델을 구축했기 때문이다. 카카오는 네이버가 광고 수입과 가입자 수 증가에 힘을 쏟을 당시, 다양한 플랫폼을 키워가는 데 막대한 돈을 썼다. 이 때문에 한동안 수익성 악화를 겪어야만 했지만 2021년, 대부분의 사업부가 흑자로 전환되거나, 상장을 앞둔

황금알이 되었다.

하지만 네이버는 카카오처럼 현재 사업부를 키울 수 있는 시간이 상대적으로 적다. 그래서 네이버가 택한 전략이 협업과 M&A이다. 이를 통해서 기존 플랫폼을 확장하여 활용하는 전략을 쓰고 있다. 나는 이러한 전략적 시도의 효과가 이제부터 나타날 것이라고 생각한다.

또한 대중의 관심이 카카오에 머물고 있는 지금이 오히려 네이버에 투자할 수 있는 적기라는 판단이다.

한편 주식시장에서 다수의 투자자에게 알려진 종목을 통해서는 상대적 초과 수익을 내는 것이 쉽지 않다는 점은 앞시 강조했다. 종목이 대중적으로 돼버리면 시장 참여자들의 관심이 집중되고 그에 따라 증권가의 전망은 더욱 정교해진다. 그렇기에 초과 수익을 볼 기회를 포착하기란 좀처럼 쉽지 않다. 또한 많은 개인투자자가 매수에 참여하게 되어 수급상으로도 매물이 결코 가벼워지지 않는다. 초과 수익을 내기 위해서는 다른 투자자보다 먼저 기업을 보는 선구안이 있어야 한다.

한편 많은 투자자가 특정 주식을 잘 안다는 것은 또 어떠한 의미를 지니고 있을까? 그것은 해당 주식에 희망을 품고 투자하고 싶은 투자자들은 대부분 투자했다고 봐도 무방하다는 것이다. 즉 그 기업의 가치 상승에 따라 새롭게 투자하려는 투자자는 거의 없다고 보는 것이 옳다. 이러한 이유로도 추가로 오르는 데 한계를 갖게 된다.

네이버, 이제 새로운 가치를 부여받을 때가 되었다.

코로나19 사태 이후 글로벌 IT 기업은 비약적인 발전을 이루었다. 그 중에 플랫폼 기업의 영향력과 시장 지배력은 더욱 공고해졌다. 비대면과 온라인이 대세가 되자 이를 충분히 활용해 사업 기반을 마련한 인터넷 및 플랫폼 기업의 가치는 더욱 부각되었다. 국내 대표 플랫폼 기업인 네이버와 카카오 모두 이를 반영하듯이 주가 또한 탁월한 상승세를 보였다(2020년 3월 저점 대비 2021년 7월 종가 기준 네이버 +220%, 카카오 +432%). 2021년 한때 밸류에이션 부담(2020년 기준 네이버 PER 50배, 카카오 80배)과 리오프닝 및 경기 회복에 대한 기대감에 상대적으로 차익 매물과 소외가 이어졌지만 델타 변이 바이러스 확산과 함께 재조명받은 주가는 더 강한 탄력을 받았다.

그러다 보니 비싼 주가 수준에도 불구하고 플랫폼 기업을 추가 매수해야 하는지, 매수한다면 네이버와 카카오 중 어떤 기업을 고를지에 대한 선택의 문제가 증권 방송의 단골 소재가 될 정도로 비교·분석이 분분해졌다. 결론적으로는 성장 엔진이 여전하다는 점과 단기적으로 비싼 밸류에이션 부담이 있어도 이를 충분히 설명할 만한 장기 성장세가 이어진다면 여전히 조정 시 관심이 필요하다고 본다. 또한 플랫폼 기업의 선택 문제에서는 투자자의 성향에 따라 다른 문제일 수는 있어도 성장의 관점에서 볼 때 제리는 카카오를 선호한다.

물론 매출과 이익 규모에서는 현재 네이버가 압도적이긴 하지만 변화

도표 64. 네이버 vs. 카카오 매출 구조

주: 2020년 전망치 기준, ( ) 안은 매출, 억 원
자료: 신한금융투자

무쌍한 IT 업계를 이해하기 위해 두 회사의 사업 구조를 비교해볼 필요가 있다. 네이버는 검색과 이를 활용한 광고 중심으로 성장해온 배경이 있으며 여전히 이것이 주된 실적의 축이다. 한때 모바일 적응 능력에 따른 문제 제기도 있었지만 안착에 성공하며 이커머스 확장까지 잘해왔다.

카카오는 시작부터 카카오톡 메신저로 모바일에 특화해왔다. 그와 함께 생활의 필수 영역으로 시선을 돌려 공격적인 영역 확장을 이어왔다. 한때 투자에 집중하면서 눈에 띄지 않았던 실적이 성과로 확인되기 시작하면서 비약적인 실적 도약을 보인다.

두 기업 모두 뚜렷한 성과를 보이고 있지만, 차이점이 있다면 네이버의 경우 조인트 벤처나 지분 교환 등의 형태로 영역을 강화하는 한편 카카오는 공격적인 영역 확장 이후 시장 가치를 인정받게 되면 해당 영역의 자회사를 신규 상장시키는 방법으로 성과를 인정받았다는 것이다.

네이버의 경우 신사업 성공으로 협업한 회사의 주가가 올라가면 이에 따른 지분 가치 상승으로 이어지는 반면 카카오는 신사업 성과의 공을 모두 직접적으로 얻는 차이점을 보이게 된다. 그렇다 보니 상대적으로 협업사와 안정적인 공생 관계를 갖는 네이버와 공격적인 사업 확대 이후 이에 따른 가치 인정을 꾀하는 카카오 사이에 비즈니스 스타일의 차이가 생긴다. 이런 스타일 차이의 결과는 실적 변화에서도 나타난다.

두 회사 모두 성장에 무게를 두지만 네이버는 안정적인 성장, 카카오는 과거 대비 빠른 성장(향후 성장의 속도도 더욱 가파를 가능성)에 초점이 맞춰진다. 물론 카카오의 배경에는 성공적인 IPO로 인한 기업 가치의 상승이 전제되어 있고 IPO가 예상에 못 미친다면 그에 따른 부담도 단

도표 65. 네이버(좌) vs. 카카오(우) 실적 추이 및 전망치

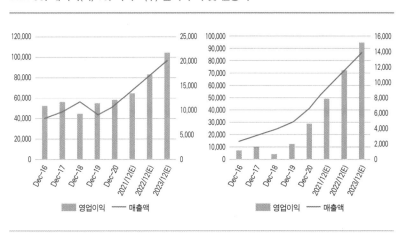

자료: Fn가이드

기적으로 발생할 수 있다. 그와 함께 지분 가치의 중복 계산으로 인해 상대적인 할인을 받는 국내 지주사 기업의 특성을 고려할 때, 카카오 또한 비슷한 과정을 거칠 수 있다. 하지만 시장에서 인정받는 신사업의 영역과 그 확장성을 고려할 때 기존 지주사의 할인 개념과는 차이가 있을 수밖에 없다고 본다.

또한 카카오에서 매출 비중이 큰 콘텐츠 부분의 확장성 또한 주목할 필요가 있다. 지적 재산권(IP)의 확장과 성과를 이루기에 가장 용이한 분야가 콘텐츠로 보인다. 이에 따른 결과가 실적에 반영되는 구조 또한 카카오의 강점이 될 수 있다.

또한 2021년 8월 카카오뱅크의 상장과 함께 이어진 시장의 변화 또한 주목해야 한다. 대부분의 예상을 깨고 상장 첫날 외국인과 기관의 매수세 속에 시장의 관심을 받았다. 물론 데뷔와 함께 높은 시가총액이 이어지다 보니 시장을 추종하는 패시브 성격의 자금이 매수할 수밖에 없다는 논리도 있겠지만, 시가총액 30조 원대의 비싼 밸류에이션에도 불구하고 금융주 내 1위의 몸값을 보여준다는 사실은 카카오뱅크를 '뱅크'가 아닌 '플랫폼'에 더 무게를 두고 바라본다는 현실로 봐야 한다.

아직도 낯설 수밖에 없는 플랫폼 기업의 위상과 주가이지만 꾸준히 확장할 수 있다는 강점과 쌓인 데이터를 무기로 변화를 시도할 수 있는 무형자산의 가치는 재평가를 받기에 충분해 보인다. 오히려 기존 금융권의 정형화된 오프라인 점포와 그에 따른 임차료, 인건비 등의 고정비용보다 더욱 효율적인 성장을 기대한다는 시장의 판단 또한 주의 깊게 봐야 한다. 눈에 보이는 사실만 보고 '주가가 비싸다'라고 단정 짓기

제리의 공부해볼 만한 기업

플랫폼 관련
쿠콘: API(미리 개발된 소프트웨어) 금융사 및 공공기관 판매 + 미국 관련 기업 플레이드 기업 가치 15조 평가
코나아이: 카드 결제 및 지역화폐 플랫폼 활성화 수혜 + 매년 지역화폐 결제액 증가 추세
원티드랩: AI 기반 채용 매칭 대행(채용 성공 시 연봉 7% 수취 구조) + HR 서비스 확장 기대
엠로: 국내 SCM(공급망 관리) 공급 1위 + 납품 이후 유지·보수 및 클라우드 사용료 수취로 매출 확대에 따른 레버리지 효과 가능

보다는 4차 산업혁명과 함께 다가오는 플랫폼 기업의 변화와 역동성을 계속 관찰하고 인식을 바꿔가야 할 시점이다.

향후 카카오를 비롯한 플랫폼 기업의 가장 큰 리스크는 최근 미국에서 논의가 한창인 반독점규제와 관련된 정책적 리스크일 수 있다. 시장 지배력이 커지다 보니 당연히 독과점의 남용이 우려될 수 있고 미국의 통신사 등 사례를 볼 때 독과점법 적용을 받은 기업은 강제 분할 등의 결과로 이어졌다. 이를 고려할 때 별도 사업부와 독립적인 사업으로 IPO를 진행하는 카카오에 부담이 덜 될 수 있다는 판단이다.

결론적으로는 대표적인 성장주에 투자하겠다고 생각한다면 비싸도 더 큰 성장이 기대되는 종목을 선택하는 게 맞아 보인다. 그리고 카카오가 그 기준에 더 가깝다. 단 매매의 타이밍은 시장의 쏠림을 이용하는 전략에 초점을 맞춘다. 코로나19 확진자 수 완화와 함께 경기민감주

및 소비재의 강세가 이어지면 상대적으로 그동안 강세를 받았던 플랫폼 성장주는 소외된다. 이런 타이밍을 노리면서 낮은 가격에 비중을 늘려가는 전략은 좋은 접근이다.

Q4

참 어려운 경기민감주,
지금이라도 사는가? 아니면 파는가?

 톰 의견 **2021년은 수익 구간, 매수**

경기에 민감한 주식이라는 것은 어떤 주식을 말하는 것일까? 이는 경기의 변화, 즉 경기 사이클에 따라서 이익 변화가 큰 기업을 말한다. 경기가 호황일 때는 이익이 크게 늘고 반대로 경기가 침체일 때는 이익이 감소하는 특징을 가진다.

경기민감주의 특징은 이익의 변화가 크기 때문에 이에 따라 주가 변동성 또한 매우 크다는 것이다. 그래서 투자자는 올바른 경기 사이클에 투자해야만 하는 과제(?)를 안게 된다. 그렇지 않는다면 상당 기간

경기민감주	경기 순환 주기에 따라서 이익이 변화하는 기업. 이러한 기업에 투자하기 위해서는 경기 동향을 잘 살피고 관찰해야 한다.
성장주	기업의 현황보다는 향후 성장성에 중점을 두고 투자해야 하는 기업을 말한다. 성장주 투자자는 높은 밸류를 받아들일 수 있어야 한다.
가치주	기업의 본질 가치에 중점을 두고 투자하는 것을 말한다. 물론 기업의 가치 평가에 대해서 보수적인 접근은 필수이다.

주가의 부진함으로 투자자는 고통받을 수 있다. 즉 기업 이익을 전망하는 요소로 경기에 대한 예측 및 상황 판단이 중요한 요소로 작용하게 된다.

한편 경기 사이클은 일정한 주기를 가지고 움직이는 형태를 보인다. 그럼 여기서 경기민감주가 이익을 내는 구조를 알기 위해서 '고정비'에 대한 개념을 살펴보도록 하자. 먼저 기업의 비용은 크게 고정비와 변동

도표 67. 경기 사이클

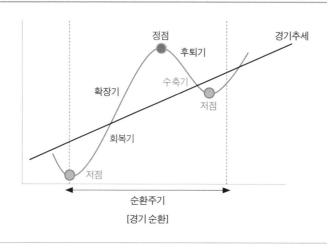

[경기 순환]

감가상각비

감가상각비는 기업이 큰 비용을 균등하게 처리하는 방식을 말한다. 이러한 회계 처리가 필요한 이유는 일시적으로 크게 들어가는 기계류, 기구, 비품 등을 사용 연한에 맞춰서 비용 처리를 함으로써 회계가 들쭉날쭉한 오류에서 벗어날 수 있기 때문이다.

도표 68. 감가상각 전

	1년	2년	3년	4년	5년
매출	5,000	5,000	5,000	5,000	5,000
기계	2,000	–	–	–	–
기타 비용	3,000	3,000	3,000	3,000	3,000
이익	0	2,000	2,000	2,000	2,000

이익의 급등

도표 69. 감가상각 후

	1년	2년	3년	4년	5년
매출	5,000	5,000	5,000	5,000	5,000
감가상각	400	400	400	400	400
기타 비용	3,000	3,000	3,000	3,000	3,000
이익	1,600	1,600	1,600	1,600	1,600

이익의 평탄화

[도표 68]과 [도표 69]를 비교해보면 왜 감가상각을 해야 하는지 알게 된다. 감가상각, 즉 비용을 균등하게 처리하지 않으면 이익 발생에 큰 변동성이 생긴다. 이런 경우 기업의 이익을 보고 투자하기가 쉽지 않다.

비로 나눌 수 있다.

고정비는 매출(영업)과 상관없이 기업을 운영하는 과정에서 일정하게 꼭 들어가는 비용을 말하는데, 예를 들어 임금, 임대료 등을 들 수가 있다.

변동비는 기업의 매출과 연계되어 들어가는 비용이다. 고정비는 크게 보면 기업의 실적과 상관없이 일정하지만, 변동비는 통상 매출이 증가하면 늘어나고 매출이 감소하면 줄어든다.

경기민감주가 이익을 내는 구조를 알기 위해서는 경기 사이클뿐만 아니라, 이들 비용과 더불어 '감가상각비'에 대한 개념 또한 알아야 한다.

감가상각비는 기업의 이익을 변화시키는 주요 요소 중 하나다. 감가상각은 일종의 '고정비'의 성격을 가지는데, 회계상 한 번 감가상각이 진행되면 기업에 몇 년에 걸쳐 동일한 비용으로 부담되기 때문이다. 그런데 이를 잘 활용하면 기업 입장에서는 다양한 경영 전략을 펼칠 수 있다.

[도표 70]은 태양광 폴리 실리콘과 관련된 OCI의 영업 전략을 표현하고 있다. OCI는 선제적인 설비 투자로 감가상각을 다른 업체보다 먼저 끝낼 수 있었다. 당시 일반 업체들의 비용은 45달러. OCI는 15달

도표 70. 감가상각비 활용 전략

시장가격	60$
후발 업체 BEP	45$
OCI BEP	15$

러. 시장 가격은 60달러였다. 이때 많은 일반 업체들은 45달러의 비용을 지불하며 시장에 진입하였다. 60달러에 제품을 판매하면 15달러의 이익이 남기 때문이다. 이때 OCI는 감가상각을 모두 끝낸 뒤여서 약 15달러에 제품 생산이 가능했다.

그래서 경쟁사를 물리치기 위해 가격을 약 30달러로 낮추었다. 그러자 경쟁사는 15달러 손실, OCI는 15달러 이익이 되면서 경쟁사를 이길

도표 71. 고정비 / 변동비 설명 그래프

고정비(Fixed Cost) / 변동비(Variable Cost)

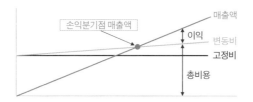

- 손익분기점 매출액 = 고정비 + 변동비, 두 가지를 커버하는 매출액
- 이익 = 매출액 – 총비용(변동비 + 고정비)

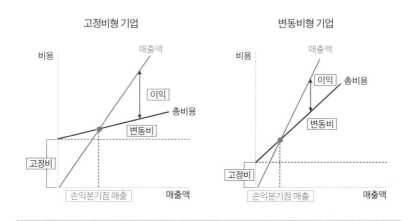

수 있었다. 그만큼 감가상각 전략이 다양하게 사용될 수 있다.

선발 업체는 초기에는 감가상각 비용으로 고생하게 되지만, 결국 시장이 성숙해져서 후발 주자들이 들어오면 선발 업체는 후발 주자들이 감가상각 비용을 부담하는 동안, 선(先) 감가상각으로 높은 고정비에서 자유롭게 되고, 이에 따라 판매 가격을 낮춰서 후발 주자들에게 이중고를 줄 수 있다. 시장 가격을 인위적으로 낮추면 후발 주자들은 낮아진 가격으로는 이익을 내지 못하게 되면서 막대한 비용만 계속 부담해야 하기 때문이다.

감가상각 비용은 고정비가 된다고 앞서 이야기했다. 물론 고정비에는 인건비 등 다양한 항목들이 많이 들어가 있다.

고정비가 높은 기업은 주로 경기 사이클에 따라서 이익이 큰 폭으로 변한다. 즉 경기가 안 좋을 때는 고정비 부담으로 이익이 급감하고, 경기가 좋은 때는 쉽게 고정비를 커버한 뒤 이익이 급증하는 형태를 띤다. [도표 71]을 통해 보면 경기민감주를 왜 경기 상황에 따라 투자해야 하는지 알 수 있을 것이다.

[도표 71]을 자세히 보면 경기민감주는 고정비형 기업의 형태를, 비경기민감주는 변동비형 형태를 가지게 된다. 경기민감주의 대표적 업종으로는 화학 업종을 들 수가 있고, 비경기민감주로는 소매소비 업종을 들 수 있다.

먼저 경기민감주는 평소 높은 고정비를 가지게 된다. 많은 시설과 대규모 인건비가 고정으로 들어가기 때문이다. 그래서 경기가 좋지 못하면 이러한 고정비 때문에 이익을 내지 못하거나 적게 내고 경기가 회복되어 매출이 증가하면 고정비를 쉽게 커버하고 이익이 크게 개선된다.

비경기민감주는 매출에 비용이 연계되어 있기에 경기가 좋지 않아도 이익이 조금이라도 발생하지만 매출이 늘어도 비용이 따라서 늘기 때문에 큰 이익을 거두기는 상대적으로 어렵다.

투자자는 이러한 차이점을 알고 투자하는 것이 매우 중요하다.

 제리 의견 선별적 매수

미워도 다시 한번?

2021년 상반기에 시장을 주도한 섹터 중 하나가 경기민감 섹터였다. 코로나19 확진자 수가 정체를 보이면서 경기 회복 기대감과 함께 원자재 가격의 강세, 실질 금리 상승이 이어지는 가운데 수요의 증가와 실물 경제 회복 가능성이 이어지면서 나타난 변화였다. 하지만 여름 무렵, 변이 바이러스로 인한 코로나19의 재확산세 속에서 경기민감주는 다시 주가의 탄력을 잃어갔다. 결론은 섹터의 부활이 이어질 수 있느냐 여부이다. 이를 위해 주목해야 할 변화가 금리이다

경기 회복 기대감으로 상승하던 미국 10년물 국채 금리가 2021년 5월경 하락하면서 경기가 다시 주춤할 가능성을 반영하고 있다. 그에 따라 경기민감주의 대표 섹터 철강주의 포스코 또한 상승 기세가 한풀

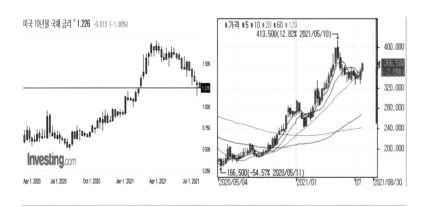

꺾인 상황이다. 하지만 강조했던 것처럼 채권의 수급과 미국의 부채 한
도 협상 등의 구조적인 이슈가 마무리되고 금리가 재반등으로 이어지
면 다시 경기 회복에 대한 기대감이 살아날 가능성이 크다. 이에 따라
경기민감주 또한 재차 반등 국면을 맞이할 것에 무게를 둔다. 그와 연
관 있는 원자재와 제품의 가격 또한 살펴봐야 하겠지만 변이 바이러스
의 확산에도 치사율이 낮다면 느리더라도 경기 회복의 움직임이 가시
화될 수밖에 없다. 이의 움직임을 고려해 비중을 점진적으로 늘려가는
전략에 초점을 맞춘다. 하지만 경기민감주에 대한 대응에 있어 다음 세
가지는 고려해야 한다.

첫째, 경기민감주는 경기 사이클에 의존적일 수밖에 없고 실적 또한
이에 따른 한계를 분명히 보여준다. 따라서 강조한 금리 동향 및 글로
벌 제조업 지표 동향, 해당 제품의 가격 등을 고려하여 매매 타이밍을
잡아나가야 한다. 무조건 장기적 관점으로 접근하기보다는 경기 사이

클에 따라 주가의 진폭이 커진다는 점을 염두에 둘 필요가 있다.

둘째, 제조업의 특성상 제조 원가를 구성하는 원자재의 동향과 발생 비용에 주목해야 한다. 원자재 가격이 상승한다면 이에 따라 제품 가격을 올려야 하는데 업황의 특성상 이를 빠르게 전가할 수 있는지가 수익성을 결정한다. 상대적으로 B2C 기업보다는 B2B 기업이 이런 관점에서 유리할 수 있지만, 업황과 전방 산업(최종 소비자와 가까운 산업)의 동향을 고려할 필요가 있다. 또한 유가 또는 해상 운임 상승 시 비용을 적절히 조절할 수 있느냐도 경기민감주의 실적에 변수로 작용한다.

셋째, 경기민감주의 피크아웃 가능성을 체크해야 한다. 보통 분기 실적이 좋은데도 주가는 하락하는 경우가 있다. 경기민감주 종목 또한 대부분 이에 해당할 수 있는데, 실적이 좋을 가능성을 선반영하고 주가가 오르다 보니 차익 매물이 나온다는 점 외에도 '이번 분기에 이렇게 좋은 실적이었는데 다음 분기에 더 좋은 실적을 이어갈 수 있을까?'라는 의구심이 주가를 흔들리게 만든다. 결국 경기민감주는 반짝하는 실적이 아닌 꾸준한 성장에 대한 근거와 중기 추세 유지 여부가 중요한 포인트이다. 이를 확인하기 위해서는 시장 지배력 및 독보적 기술, 수주 확대로 이어지는 실적의 성장 등을 꾸준히 살펴야 한다.

넷째, 트렌드로 굳어지고 있는 친환경에 대한 대응이다. 경기민감주는 이산화탄소 발생 기준으로 볼 때 친환경 트렌드에 가장 취약한 섹터이다. 이전 장에서 강조했던 것처럼 이는 기업에 발생하는 비용이다. 이처럼 변화하는 생태계 속에서 해당 기업이 어떻게 대응해나가는지를 지켜볼 것이고 중기적으로 비용 대비 수익성을 체크해나갈 것이다. 기

도표 73. 경기민감주 섹터별 포인트

섹터	의견	포인트
철강	긍정	중국 규제 수혜 + 인프라 투자 확대 속 수요 증가
화학	중립	유가 상승 비용 부담 + 하반기 주요 업체 증설(공급 확대)
정유	중립	정제 마진 정체 + 중기적 화석 연료 수요 정체
건설	긍정	국내 주택 공급 확대 + SOC 투자 확대 vs. 해외 수주 회복 필요
조선	긍정	수주 증가 + 친환경 연료 선박 교체 수요 증가
해운	중립	운임 급등 불구 선적 지연 + 물량 확대 한계
기계	중립	기업 설비 투자 확대 지속 여부 + 기업별 실적 확인

존 사업 구조를 이용해 직접 친환경 트렌드에 신규 진입하려는 변화는 기대감을 불러일으킬 가능성이 크다(예: 고려아연, LG화학과 2차 전지 전구체 관련 사업 합작사 설립 및 폐배터리 재활용 사업 진입). 약점에도 불구하고 변하는 환경에 적응해 또 다른 사업 기회를 마련하는 기업의 변화를 투자 기회로 활용하는 전략도 필요한 시기이다.

경기민감주에 대한 대응과 매매 전략은 쉽지 않다. 오히려 역발상으로 시장이 관심을 가지지 않을 때 모아가기, 고 PER에 매수해서 저 PER에 매도하기(실적이 안 나오는 기간에 상대적으로 비싸 보이는 상황을 이용) 등의 전략이 유용할 수 있는 섹터이다. 하지만 주식시장의 경험이 적은 투자자의 매매 심리에 맞지 않고 주가의 움직임이 없을 때도 뚝심이 필요한 점을 고려한다면 대응하기 힘든 섹터가 맞다. 따라서 경기 사이클을 꾸준히 추적해가고 해당 업황에 대한 이해도를 높여나가면서 투자 성과를 올리는 데 주력해야 한다는 점을 기억하자.

Q5

2022년,
특히 집중해서 봐야 할 섹터와 업종은?

 톰 의견 2차 전지 소재, 엔터, 대규모 설비 증설 기업

2차 전지 소재

2차 전지는 크게 완성 업체와 소재 업체로 나눌 수 있다. 2021년 초반까지는 2차 전지 완성 업체가 시장을 크게 주도했지만, LG화학과 SK이노베이션의 물적 분할 이슈 이후 주가는 지지부진한 상태를 보이고 있다(2021년 9월 기준). 반면 2차 전지 소재 업체들은 2021년 들어서면서부터 본격적인 시세를 내고 있는데, 여기에는 몇 가지 이유가 있다.

도표 74. 배터리 내재화 기사

완성차업계, 배터리 내재화 '가속'…배터리업계 '울상'

 이영웅 기자　　입력 2019.09.09 13:49

> 폭스바겐, 노스볼트와 합작키로…GM·혼다 등도 배터리 기술개발 사활

자료: 아이뉴스24

　첫 번째는 공급처가 다양해질 전망이 생기고 있다는 것이다. 각종 자동차 회사들이 내재화를 하고 있기 때문에 이에 대한 수혜를 볼 것으로 예상된다. 두 번째는 증설 이슈이다. 많은 소재 업체들이 증설을 발표하고 있는데, 이는 전방산업의 가능성을 높게 보기 때문이다.

　그렇다면 어떤 업체를 눈여겨보아야 할까. 나는 완성 업체와 소재 업체 중 소재 업체에 집중해야 한다고 생각한다. 먼저 완성 업체는 향후 강력한 다수의 경쟁 업체 출현이 예고되어 있다. 독립된 2차 전지 기업 외에도 각 메이저 자동차 회사들이 배터리 내재화를 위한 단계를 점차 밟아가고 있기 때문이다.

　이러한 연유로 2차 전지 업계는 향후 현재의 지위를 상실하거나, 이익의 증가가 쉽지 않게 될 수 있다. 물론 당장 자동차 회사들이 배터리 내재화를 실시할 수는 없다. 당연히 일정 시간이 필요하다. 자동차 회사들도 이를 감안하여 대체적으로 2030년 정도를 개발 시한으로 보고 있다. 따라서 2차 전지 완성 업체들은 당분간 시간을 벌었다고 볼 수도

있다.

한편으론 자동차 회사들의 내재화가 쉽지 않을 것이라는 반론도 있다. 하지만 누군가 쫓아온다면 시간은 후발 주자 편이 된다. 시간은 오히려 많은 경쟁 업체의 출현을 불러와 경쟁이 더욱 치열해지는 상황으로 변하게 될 가능성이 크다.

두 번째로 완성 배터리 업체는 투자자의 신뢰를 저버린 대표적인 업종 중 하나가 되었다. 기업은 성장 과정에서 주주들과 다양한 소통을 해야 하는데 그 소통이 기업 일방으로 바뀔 경우에는 주주들이 과감히 해당 기업을 외면하는 것이 필요하다고 생각한다. 왜 2차 전지 완성 업체들에 대해 그러한 생각을 하게 되었을까?

도표 75. 물적 분할 vs. 인적 분할

물적 분할	인적 분할
모회사의 특정 사업부를 신설 회사로 만들고 이에 대한 지분을 모회사가 100% 소유해 지배권을 행사하는 형식의 기업 분할 형태.	기존 회사 주주들이 지분율대로 신설 법인의 주식을 나눠 갖는 방식의 기업 분할. 따라서 인적 분할은 주주 구성은 변하지 않고 회사만 수평적으로 나누는 분할이라고 할 수 있다.
인적 분할과 물적 분할의 차이는 신설 법인의 주식 소유권이 기존 회사의 주주와 기존 회사 중 누구에게 주어지느냐에 달려 있다.	

물적 분할과 인적 분할 중 개인투자자들(주주들)에게 어떤 형태가 유리하다고 할 수 있을까? 대부분의 경우 인적 분할 형태가 유리하다고 볼 수 있는데, 기존 한 회사의 주식을 보유한 형태에서 분할되어 두 회사를 다 보유할 수 있기 때문이다(물론 분할 이후 두 기업 주가의 차별화로 매도·매수를 하는 것은 별개의 문제로 봐야 한다).

한편 당장의 이익 극대화를 생각하는 기업 입장에서는 설비 투자에 소요되는 막대한 비용을 조달하기 위해서 주주들에게 이를 요청하는 것이 정당할 수도 있다. 기업의 성장에 주주들이 투자하고 그 성과의 과실을 나누자고 하는 것은 올바른 판단일 수 있다.

하지만 물적 분할은 기존 주주들을 배제한 방식이라는 단점을 가지고 있다. 이미 회사를 믿고 투자를 해왔던 입장에서는 억울함을 충분히 느낄 수 있는 방식이 될 수 있다. 물적 분할은 기존의 투자 여부와 상관없이 2차 전지 신설 회사의 주식을 추가로 사야 하기 때문이다.

그렇다면 이들보다 밸류 체인 상단에 있는 소재 업체들은 어떻게 봐야 할까? 나는 소재 업체에 대한 투자는 좋다고 생각한다. 많은 기업이 2차 전지를 만들어내게 되면 소재의 수요는 결국 많아질 것이기 때문이다.

한편 소재 업체에는 지역적 요소도 매우 중요한 역할을 한다. 2차 전지는 특성상 무게에 따른 물류비 부담으로 완성차나 완성 배터리 회사 근처에 있는 기업들이 가격 경쟁력을 가지게 된다. 이에 기존 2차 전지 업체들은 자동차 회사 근처에 공장을 짓고 있고, 이같이 배터리 소재·부품 업체들도 같은 길을 걷고 있다. 따라서 이러한 업체에 관심을 두는 것이 중요할 수 있다.

반면 2차 전지와 관련하여 다양한 소재와 기술이 개발되고 있다. 이들은 더욱 빠르게 관련 산업의 패러다임을 바꿀 수 있다고 어필하고 있다. 하지만 필자(톰)는 그러한 부분을 경계한다. 이상과 현실은 다르다. 물론 방향은 이상을 향해 가는 것이 맞지만 현장에서의 변화는 매우 더디게 이루어진다는 것을 기억해야 한다. 이러한 것들을 잘 구분해야 투자의 일부 실패에서 벗어날 수 있게 된다.

엔터주

엔터주는 몇 가지 고민거리를 안고 있다. 그중 가장 큰 고민은 특정 인물에 대한 의존성이 크기 때문에 그들에 변화에 의해 실적이 좌우될 수 있다는 것이다. 예를 들어 새로운 인물의 성공에 대한 기대와 현실 사이의 간극을 매번 어떻게 이어가야 하는지가 매우 중요한 포인트가 되는 업종이다.

나는 이러한 간극을 메우게 해준 것은 의외로 코로나19였다고 생각한다. 기존의 엔터주들은 대규모 오프라인 공연에 의존하는 경향이 있었고 대규모 공연과 이후 흥행을 이어가는 다양한 모멘텀을 중요하게 생각해왔다.

그러다가 코로나19로 인해 오프라인 공연이 막히자 엔터사들은 그 활로를 온라인 공연에서 찾았는데, 많은 팬층을 차지하고 있는 MZ 세대로부터 뜻밖의 적극적인 호응을 끌어낼 수 있었다. 팬들은 온라인 공연이나, 팬 미팅에 기꺼이 돈을 지불하려는 마음을 가지고 있었고 또한 PC 앞에서도 충분히 호응했던 것이다.

이제 엔터사들은 대규모 비용이 들고 한정된 인원을 수용할 수밖에 없는 오프라인 공연에 치중하기보다는 글로벌 팬층을 일시에 수용할 수 있는 온라인 공연을 활발하게 개최함으로써 수익이 더욱 증가할 가능성이 커지게 되었다. 기업은 외부 환경 변화에 누구보다 잘 적응하려고 노력한다. 또한 새로운 수요층으로 부상하는 세대의 변화에도 잘 적응하고 있다. 이렇듯 온라인 공연으로도 막대한 수익을 창출해내는 엔터주들에 대한 관심이 어느 때보다 필요하다고 하겠다.

한편 한류 콘텐츠 보유 기업과 제작 기업에 대한 관심도 필요하다. 넷플릭스 드라마 〈오징어 게임〉의 글로벌 성공 이후 이들에 대한 관심이 치솟고 있다.

대규모로 생산 설비를 증설하는 기업

기업의 목표는 간단하다. 많은 생산을 통해 많은 이익을 내는 것이다. 그런데 생산을 무작정 늘린다고 해서 매출이 무조건 늘어나는 것은 아니라는 점이 안타깝다. 만약 만드는 족족 팔린다면 얼마나 이상적이겠는가? 하지만 그러한 기업이 실제로 존재한다면 주위에 경쟁 업체들이 우후죽순처럼 생겨서 초기 기업의 매출과 영업이익을 빠르게 파고들 것이다. 기업은 높은 이익은 하이에나 무리의 먹잇감이라고 보면 된다. 따라서 초기 기업은 매출과 영업이익을 쉽게 유지하지 못하게 된다.

하지만 투자자는 반대로 다른 곳에 비해 높은 영업이익률을 꾸준하게 이뤄내는 기업이 있다면 적극적으로 투자해야 한다. 우리는 그러한 기업을 소위 '경제적 해자'를 가지고 있다고 표현할 수 있다.

이러한 가운데 기업이 자신의 일감이 더욱 늘어날 것이라고 판단하

경제적 해자

중세 시대 군주들은 성(城)에 살았다. 그때 침입자를 막기 위해 성 주위에 인공 장애물을 설치하여 보호받고자 했는데, 이러한 인공 장애물을 '해자(垓子)'라고 한다. 해자는 외부의 적이 쉽게 들어오지 못하게 막는 중요한 역할을 한다.

도표 76. 해자 설명 도해

해자

이를 기업에 비유해보자. 높은 영업이익률이 보이는 상황에서도 다른 기업이 쉽게 침범하지 못하는 무엇인가를 가지고 있는 것을 '경제적 해자'라고 한다. 이는 독특한 무엇을 말한다. 그러한 해자로는 큰 생산 설비, 특허, 지역성, 안정성 등 다양한 요소를 들 수가 있다. 경제적 해자를 가지고 있는 대표적 기업의 예는 다음과 같다.

인선이엔티

국내 최대의 각종 폐기물 처리 업체다. 인선이엔티의 경제적 해자는 '님비 현상'이다. 사람들은 환경문제 등으로 폐기물 업체가 집 주위에 들어서는 것을 막고 있다. 따라서 기존에 이미 허가를 받은 폐기물 업체는 다른 업체의 진입이 허용되지 않아 높은 영업이익률을 보인다(영업이익률 23% / 2020년 12월 기준).

세운메디칼

대표적인 의료용 소모품 생산 업체다. 이 회사는 병원에서 일상적으로 보는 링거줄, 주사기 등 소모품을 생산하는데, 이는 특별한 기술이 필요한 첨단 분야는 아니다. 그런데 경쟁 업체가 진입하기 어려운 것은 '인체에 대한 검증된 안정성' 때문이다. 이는 가격 경쟁력과 기술이 중요하지 않은 부분이라 할 수 있겠다(영업이익률 22.5% / 2020년 12월 기준).

는 경우 당연히 공장 생산량을 늘리게 된다. 이러한 모멘텀을 증설 이슈로 풀어볼 수가 있다.

대체로 기업은 매출이 조금 늘었다고 해서 쉽게 증설을 결정하지 못한다. 증설에 막대한 비용이 드는 것도 조심스럽지만, 증설 이후 매출이 생각처럼 늘지 않으면 오히려 큰 손해를 볼 수 있기 때문이다. 흔히 장사가 잘되는 식당이 확장하면 오히려 망한다는 이야기도 있지 않은가.

그러한 환경에서 기업이 증설을 결정한다는 것은 대체로 매우 고무적인 현상이라고 할 수 있다. 더군다나 지금까지도 업황이 좋아서 공장 가동률이 올라가고 있는 시점에 추가적인 증설을 한다는 것은 더할 나위 없이 좋은 현상이라고 볼 수 있다. 기업이 확실한 확신이 없는 경우에는 증설을 결정하기 쉽지 않기 때문이다.

증설을 결정하기 위해서는 매출에 대한 확실한 비전이 있어야 한다. 지금 공장이 풀가동되고, 제품이 앞으로도 잘 팔릴 것이라는 점만으로는 부족하다. 현재 업계가 호황이라는 것은 신규 진입자들이 시장에 들어올 수 있는 원인을 제공하기 때문이다. 따라서 그들이 들어오지

"공장 풀가동해도 모자란다"...CMO 잇단 증설

● BIO Insight | 김우섭 기자
입력 2020.09.29 16:03 | 수정 2020.12.28 | 지면 A14

코로나 이후 치료제·백신 생산계약 수주 급증

5개사 설비투자액 2조 넘어

바이넥스·에스티팜, 공장 증설
SK바이오도 시설 확충 나서
삼바 최근 4공장 건설 확정
셀트리온 국내에 3공장 짓기로

자료: 한국경제

못하는 상황을 만들어가며 증설을 해야 한다.

또한 증설은 단기 비용 증가를 초래한다. 공장 증설에 막대한 비용이 들어가는데, 그 조달부터 사용까지 주주들에게는 매우 중요한 부분이 노출된다.

증설과 관련해 처음 중요한 것은 당연히 자금의 마련이다. 다행히 회사의 여유 자금으로 증설을 하면 초기에 큰 문제는 없다고 볼 수 있지만, 유상증자 등 외부에서 자금을 조달해 공장을 증설하면 일부 주주들의 반발을 각오해야만 한다. 어찌 됐든 유상증자는 주주들 입장에서 보면 단기 이익을 훼손하게 되는데 이는 어쩔 수 없이 EPS를 낮추기 때문이다. 물론 장기적으로 증설 효과가 나타나기 시작하면 EPS는 다시

유상증자가 호재인가? 악재인가?

유상증자는 기업이 주주들에게 돈을 달라고 손을 내미는 상황이다. 이때 주주들은 자신의 소중한 자금을 기업을 믿고 더 넣을 것인지, 아니면 해당 기업과 이별할 것인지를 결정해야 한다. 안타깝게도 이러한 상황에 정해진 답이 없기에 투자자(주주)는 상황을 두루 살펴서 결정해야만 한다.

가장 먼저 볼 것이 늘어난 돈의 쓰임새다. 기업이 유상증자하는 이유는 다양하다. 하지만 공통점은 기업의 이익을 가지고도 돈이 부족하다는 것이다.

가장 피해야 할 경우는 대체로 운영 자금 부족으로 증자를 할 때이다. 예를 들어 우리가 월급만으로 생활이 어려운 친구를 선뜻 돕기란 쉽지 않다. 이렇듯 기업의 운영 자금이 부족한 경우는 아주 특수한 경우를 제외하고는 매우 심각한 경우라고 생각해야 한다.

가장 좋은 경우는 신사업을 위해 증자하는 상황이다. 즉 신사업을 추진하기 위해 일시적으로 큰 자금이 필요하게 되는 경우로 이때 주주들은 그 사업의 타당성을 심각하게 검토해봐야 한다. 주주로서 과연 기업에 신규로 자금을 투자해도 되는지 두루 살펴야 하는 것이다.

중·장기적으로 신사업이 기업에 도움이 된다면 주식을 충분히 싸게 살 수 있는 증자에 참여해도 무방하다.

크게 올라가겠지만, 우리나라 현실상 장기로 투자하는 투자자 비중이 크지 않기 때문에 이 부분을 신중하게 접근해야만 한다.

정리하면 증설은 중·장기투자자들에게는 단기투자자들이 악재로 인식하여 내놓는 주식을 싸게 살 좋은 기회라고 생각하면 된다. 경기 회복기에 대규모 증설을 하는 업종에 관심을 가져보자.

제리 의견 사이버보안주, 조선기자재 관련주, 건자재 관련주,
턴어라운드 기업

사이버보안주

2000년 이후, 인터넷과 네트워킹이 발달하면서 스팸, 피싱과 같은 단순 침입 시도를 비롯해 악성 코드 및 해킹 사고가 증가했다. 기술과 IT 네트워크의 발달에 따른 당연한 부작용으로도 보인다. 특히 2007년에 약 1000개에 불과했던 랜섬웨어의 경우 9년 만에 4000배 이상 증가했다.

이에 따라 사이버보안의 중요성이 커졌고 해킹에 대한 방어는 당연히 필요한 시스템으로 자리 잡게 되었다. 이에 대한 준비가 제대로 되지 않는다면 큰 피해가 이어지기 때문에 공공기관과 기업은 수익을 위한 게 아니더라도 비용을 지출할 수밖에 없게 되었다. 특히 사이버보안 관련 기업의 입장에서는 초기 매출 외에 유지·보수라는 꾸준한 매출 확대의 기회가 나타날 수 있기에 수주가 늘어날수록 실적 상향 가능성은 커질 수밖에 없다.

2021년 5월 미국의 최대 송유관 운영사인 콜로니얼 파이프라인이 정체가 불분명한 랜섬웨어의 공격으로 5일 동안 셧다운되는 사고가 발생했다. 이 사고는 미국 동부 지역에 큰 피해를 불러왔고, 57억 원의 '몸값 지불'을 통해 일단락되었다. 게다가 미국의 바이든 행정부는 중국과 러시아의 해킹 공격에 대해 경고하면서 미·중 갈등이 사이버보안의 중

도표 78. 미국 사이버범죄 피해액(좌) vs. 미국 사이버보안 관련 지출(우)

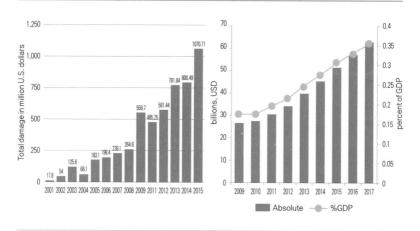

자료: 테크월드

요성을 더 키울 가능성 또한 나타나고 있다. 그와 함께 최근 급격히 성장하고 있는 클라우드 환경과 향후 트렌드로 자리 잡을 메타버스 환경에서 네트워크 보안은 필수가 될 수밖에 없고, 이를 담당할 사이버보안 관련 산업은 더욱 부각될 것으로 보인다. 이는 최근 미국의 관련 산업과 주가의 변화에서도 잘 나타난다.

미국의 소프트웨어 섹터 내 시가총액 상위 10개 중 5개 종목이 사이버보안주가 차지하고 있는 가운데 실적 또한 매출이 확대되면서 충분히 비용을 커버할 수 있는 수익성을 보여주는 단계까지 진입했다. 이에 따라 가장 시가총액이 높은 크라우드 스트라이크의 주가 또한 꾸준한 강세를 보이는 점도 참고할 필요가 있다. 국내 관련 섹터와 기업의 경우 연간 실적의 확장세는 꾸준한 편이지만 아직 시세의 강한 변화는 나타나지 않았다. 산업의 성장성과 기업에 대한 재조명이 나타날 가능

도표 79. 미국 소프트웨어 섹터 시가총액 순위(21.6월 기준) vs. 크라우드 스트라이크 월봉 추이

시총 순위	기업	12 FW PER	비고
1	마이크로소프트	30.9	
2	어도비	39.6	
3	오라클	17.3	
4	스퀘어	103.7	
5	크라우드 스트라이크	흑자 전환 전망	
6	팔란티어	흑자 전환 전망	
7	포티넷	52.7	보안 관련주
8	팔로알토	51.6	
9	옥타	흑자 전환 전망	
10	클라우드페어	흑자 전환 전망	

크라우드스크라이크 홀딩스 ⬦ 257.84 -6.99 (-2.64%)

제리와 함께 공부해볼 기업

윈스: 10년 이상의 네트워크 보안 업력 + 크라우드 스트라이크와 EDR 협력 + 시가 배당률 2.4%

파이오링크: 애플리케이션 네트워킹 보안 및 웹 보안 + 보안 스위치 강점 + 꾸준한 연간 실적 확장

성을 고려한다면 꾸준히 관심을 둘 필요가 있다.

조선기자재 관련주

코로나19 타격 이후 경제가 회복되면서 물동량이 늘어나고 유가도

회복하는 과정을 보였다. 이와 함께 빠르게 물동량이 늘어나다 보니 이를 따라가지 못해 해운 운임이 급등하면서 선박의 수요가 늘어나게 되고 이에 따라 선박의 발주 또한 활발하게 이어졌다. 이를 반영하면서 신조선가 지수(새로 배를 만들 때 적용되는 선박 가격)와 중고선가 지수 모두 상승하였고 국내 조선사 수주도 급증하며 2021년 상반기 기준으로 13년 만에 최대 수주를 기록했다.

조선업의 경우 산업의 특성상 인건비 등의 높은 고정비를 안을 수밖에 없는 상황이라 낮은 선가에도 수주를 받을 수밖에 없었지만 최근의 동향을 고려한다면 P(신조선가)와 Q(수주 물량)가 상승하는 업황의 호황에 들어섰다고 볼 수 있다. 게다가 글로벌 친환경 트렌드 속에서 선박 또한 보조를 맞춰갈 수밖에 없다. 즉 용도가 높아진 LNG선의 발주 증

도표 80. 연도별 신조선가 추이(좌) vs. 상반기 글로벌 선박 발주량 및 한국 수주량(우)

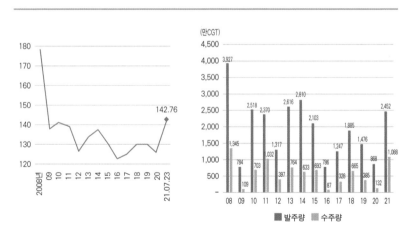

자료: 산업통상자원부

가와 IMO(국제해사기구)의 규제 강화로 인한 친환경 연료 사용 선박으로의 변화 등을 고려할 때 국내 조선사의 수주 기회는 더욱 높아질 수 있다.

　조선사의 경우 기존 수주분을 반영하는 과정과 후판 등 원자재 가격의 상승분을 반영하는 과정에서 당장의 실적 변화는 빠르게 나타나지 않았지만 최근 수주를 반영하는 향후 실적 변화는 기대할 수 있다고 본다. 이에 따라 선박 건조에 필요한 자재를 공급하는 조선기자재 업종 또한 과거 2~3년간의 실적 부진을 털고 변화를 이어갈 가능성에 초점을 맞춘다. 특히 조선사의 수주분이 상승한 선가를 반영한다면 납품업체의 단가 인하 압력 또한 낮기에 상대적인 턴어라운드 기회는 더 높

도표 81. 대표 기자재 업종 피팅사 매출 및 영업이익률 추이

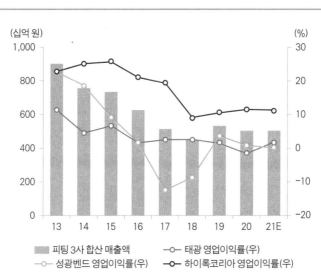

자료: WiseFn, 메리츠증권 리서치센터 추정

제리와 함께 공부해볼 기업

화인베스틸: 인버티드 형강 납품(후판 가격 상승분 반영) + 2년간 적자 이후 턴어라운드 기대

대양전기공업: 선박용 조명, 전자 시스템 주력 + 신성장 동력(친환경차 센서)

아졌다고 판단된다.

납품 기업이라는 입장에서 가장 중요한 변화인 상승한 원자재 가격을 납품 가격에 적절히 반영할 수 있는지, 친환경 트렌드에 부합할 수 있는지라는 두 가지에 초점을 맞추며 턴어라운드 중소형주 차원에서 관련 기업을 찾아보는 전략이 유효하다고 본다.

건자재 관련주

2021년 상반기에는 건설업에 대한 기대와 관심이 높았지만 주가는 상당 부분 다시 소강상태로 들어섰다. 규제 일변도로 대응하는 정부 정책이 공급 확대로 변화될 가능성에 초점이 맞춰졌지만 뚜렷한 변화 기조가 보이지 않자 관심이 멀어지는 상황이다. 그럼에도 건설 업황의 변화는 여전히 긍정적일 가능성에 무게를 둔다.

부동산 시장은 여전히 실거주자 중심의 매수 우위 속에 부동산 가격은 강세가 유지되는 중이다. 그와 함께 전국 미분양이 급감한 가운데 다시 공급 확대에 대한 필요성으로 건설사의 수주는 [도표 82]처럼 상

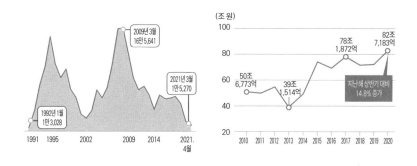

자료: 국토교통부·KB경영연구소(좌), 대한건설협회(우)

승하고 있다. 위 지표만 봐도 향후 부동산의 공급 확대와 건설사의 수주 증가로 이어지는 실적 증가의 기회는 높아질 수밖에 없지만, 대선과 함께 정부 정책이 어떻게 변하는지 또한 관심 있게 지켜볼 부분이다.

① 여당 집권 지속 시: 기존 부동산 규제 정책 유지 + 공공주택 중심 공급 확대
② 야당 교체 시: 부동산 규제 정책 완화 + 민간 중심 공급 확대 + 재건축 재개발 규제 완화

대선 이후 여당이 계속 집권할 경우 기존 정책의 연장선에서 공공주택 공급 확대에 초점이 맞춰질 가능성이 크다. 물론 건설사의 수주 기회는 늘어나겠지만, 공공주택의 성격상 수익성은 제한적일 가능성과 함께 부동산 가격은 여전히 강세일 가능성이 클 것으로 보인다. 야당

집권 시에는 기존 부동산 정책의 전환이 이뤄지면서 그에 따라 이어질
변화를 체크할 필요가 있다. 민간 중심의 공급 확대, 재건축·재개발
확대가 이루어진다면 상대적으로 건설사의 수익성은 높아질 가능성에
무게를 두지만, 효율적인 공급 확대로 부동산 가격은 하향 안정될 가
능성도 염두에 둘 필요가 있다.

건설 업황의 기지개 속에서 건자재주 또한 2021년 상반기 실적에 대
한 기대감으로 관심이 높았지만 여러 개별적인 이유로 제한된 움직임
을 보였다. 그 이유는, 첫째 원자재 가격 상승에 따른 원가 부담, 둘째
건설 현장에서의 쇼티지(shortage, 공급 부족) 발생, 셋째 담합 등 벌금 부
과, 넷째 폭염 영향 등이다. 결론적으로 생산하는 건자재 품목이나 업
체별로 차이는 있겠지만 3분기 성수기와 진행되는 건설 업황을 고려할
때 가격 전가 능력을 갖추고 쇼티지 완화 등의 변화를 이어가는 기업
중심으로는 소외된 주가를 이용할 만하다고 판단된다.

부실의 터널에서 빠져나오는 기업

일반적으로 회사의 업황이 안 좋고 실적이 부진해지면 매출과 이익이 감소한다. 이런 현상이 지속되면 기업의 존폐까지 위협받게 된다. 즉 계속 적자를 기록해 자본금 감소가 이어지면서 보유한 자본금까지 위협받게 된다. 이런 상황에서는 기업 활동을 계속할 것인가에 대한 근본적인 고민부터 지금의 고비만 지나면 다시 변화될 수 있는지 등에 대한 다양한 고심에 빠지게 된다.

가장 먼저는 기업의 비용 통제를 중심으로 구조조정에 들어가면서 지금까지 이어온 영업권을 바탕으로 보유한 자산 등의 매각 결정으로 M&A 시장에 나오게 된다. 아니면 상황의 반전을 노리면서 기업 경영 지속에 대한 의지가 있다면 자본금을 확충하며 반전의 기회를 노릴 수도 있다. 그 결과는 자본금 감소(감자)로 덩치를 줄이거나, 또는 자본 확충(증자)을 통해 기업 정상화의 발판을 놓는 것으로 나타난다. 물론 이는 기존 주주들에게 희생을 강요하는 만큼 강력한 실망감을 안길 수 있다. 하지만 회사는 재무 구조의 안정화와 업황의 변화로 턴어라운드

도표 83. 턴어라운드 기업의 확인 요건

포인트	체크해야 할 내용
빅베스(Big Bath)	기존 부실 정리 및 구조조정 강화 + 향후 실적 레버리지 효과 가능 여부
업황의 변화	위축된 업황 개선 시 정리된 재무 상태 이후 효과
기업 경영 의욕	기업 경영 성과 의지(CEO 중심) + 향후 주주 가치 증대 여부

제리와 함께 공부해볼 기업

삼성중공업: 기존 저가 수주 실적 부진 vs. 최근 수주 증가 + 무상감자 및 유상증자(2021년 10월 완료)

진에어: 코로나19 타격 vs. 장기적 회복 가능성 + 영구채 발행 및 유상증자 (2021년 11월 완료)

잉크테크: CB 통한 미원그룹 피인수 + 디지털 잉크, 전자파 차폐 기능 EMI 및 CDT 필름 기대

할 수 있다는 '읍소'를 통해 재기에 대한 기회를 살구하게 된다.

여기서 중요한 포인트는 현재 안 좋은 재무 상태가 개선된다면 기업의 경영 의지와 함께 앞으로 업황이 턴했을 때 효과를 발휘할 수 있느냐의 여부이다. 가장 중요한 포인트는 기업의 의지가 강해도 업황이 변하지 않는다면 턴어라운드는 늦어질 수밖에 없다는 점이다. 따라서 업황 변화와 함께 부실을 정리한 이후 중기적인 변화의 기회를 찾는 기업은 관심권에 둘 필요가 있다. 하지만 중요한 부분은 접근 시점이다. 단순한 낙폭 과대(주식의 가치가 단기간에 급격히 하락한 상태)가 아니라 자본의 변화(감자, 증자 등)를 모두 마친 상황 이후에서 접근할 필요가 있다. 급하게 대응하는 것보다 긴 시각에서 일련의 과정이 마무리된 이후의 대응이 훨씬 부담이 덜하다는 것이다.

Q6

2022년까지 꾸준히 비중을 늘려야 할 종목 3가지를 꼽는다면?

 톰 의견 삼성전기, KB금융, LG이노텍

삼성전기

기업 개요

:: 주요 사업은 수동소자(MLCC, 칩 인덕터, 칩 저항)를 생산하는 컴포 넌트 사업 부문, 카메라 모듈과 통신 모듈을 생산하는 모듈 사업 부문, 반도체 패키지 기판과 경연성 인쇄 회로 기판을 생산하는 기판 사업 부문으로 구성됨.

:: 수원, 세종, 부산 등에 국내 사업장을 보유함. 해외에는 태국, 필리핀, 베트남 등에 생산 법인과 미주, 유럽, 동남아, 일본에 판매 법인, 인도 R&D 법인을 보유함.

:: 글로벌 네트워크 구축을 통한 경쟁력 확보에 주력하고 있음.

* 자료: 네이버 증권, Fn가이드

* 기준: 2021년 8월 31일

삼성전기는 적층 세라믹 콘덴서(MLCC) 부문의 강자이다. 이와 더불어 삼성전기의 다양한 제품은 타이트한 공급이 지속될 전망이다. 제품 구성 개선 역시 계속되는 가운데 삼성전기는 주력인 IT향 안에서도 고

도표 84. 삼성전기

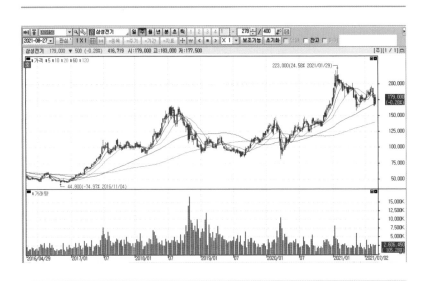

자료: 유진투자증권

부가 제품의 비중을 확대하고 전장 및 산업기기행 매출 비중도 늘어나고 있다.

MLCC 업황은 타이트한 수급을 앞으로도 유지할 것으로 보이는데, MLCC 공급 업체들이 생산 능력 증설을 수요에 맞춰서 진행하고 있기 때문이다.

향후 삼성전기의 가장 중요한 호재 중 하나는 스마트폰 부문의 호황이 점쳐진다는 것이다. 이는 2021년 하반기부터 2022년까지 이어질 전망이다. 우리는 새로운 휴대폰에 대한 인기를 충분히 기대할 수 있는데, MLCC의 스마트폰 비중은 40%를 초과하고 있다.

또한 카메라 모듈 부문도 주목해야 한다. 고객사 삼성전자의 '갤럭시 Z' 시리즈가 판매 호조이며 북미 전기차 업체에 수천억 원대 규모로 카메라 모듈을 공급하기로 하면서 실적 상승이 예상된다.

기판 솔루션 실적도 연간 이익을 큰 폭으로 끌어올릴 전망이다. 이에 따라 기판 솔루션 실적도 상향 조정될 것으로 증권가는 보고 있다.

패키지 기판 역시 공급이 부족하며 2022년까지 이 상황이 이어질 것으로 전망된다. 국내는 물론 일본과 대만 업체들도 생산 능력을 증설 중이다. 하지만 반도체의 고성능화와 고집적화 때문에 패키지 기판이 대면적화, 고다층화 되어 생산 능력이 잠식되고 있다. 이런 경쟁 구도에서 삼성전기의 약진이 기대된다.

우수한 실적을 보유한 삼성전기의 상황에 대해 투자자들이 예의 주시해야 한다고 생각한다.

KB금융

기업 개요

:: 2008년 설립된 KB금융그룹의 지주회사로, 업계 선두권의 시장 지위와 높은 브랜드 인지도를 바탕으로 은행, 카드, 증권, 생명보험, 손해보험, 저축은행 등 다양한 사업을 영위.

:: 2020년 말 기준 국내 원화 예수금 20.8%, 원화 대출금 19.7%로 업계 1위 점유율을 가진 국민은행이 대표적 종속기업임.

:: 2020년 8월 푸르덴셜생명 인수 확정됨. 인수 가격은 2조 2650억 원으로 지분 100%를 일시 매입하는 구조임.

* 자료: 네이버 증권, Fn가이드

* 기준: 2021년 8월 31일

그동안 장기 소외를 받았던 금융주에 대한 관심은 의외의 변화에서 비롯되었다고 생각하는데, 금융업, 특히 은행 업종은 카카오뱅크의 상장에 의해서 그 평가가 새롭게 이뤄지는 결과가 나왔다고 할 수 있다. 카카오뱅크가 은행인가 플랫폼인가 하는 이야기는 여기서는 하지 않겠다. 그러한 논의는 시간이 지나고 나면 나름의 평가가 정리될 것이라고 본다.

어찌 됐든 중요한 사실은 카카오뱅크의 은행 기반은 인정해야 한다는 것이다. 이 점을 부인할 수는 없다. 그런 면에서 은행주들에 대한 평가는 다시 이루어질 수 있다고 보는데, 이는 카카오뱅크가 높은 밸류

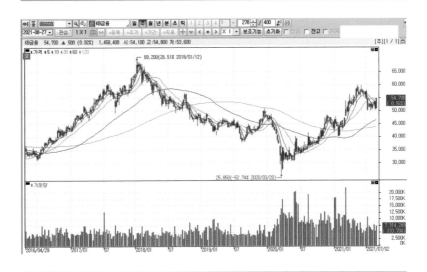

자료: 유진투자증권

를 부여받고 있기 때문이다. 카카오 대비 시중은행 PER은 상당히 낮다.

그렇다면 시중은행주가 가지는 매력은 무엇일까? 그동안 은행주가 저평가된 데에는 수익에 대한 천수답식 경영에 대한 의구심이 한몫했다. 금리의 변동성에 따라 이익이 움직이기 때문에 그로 인해 주가가 움직이는 요소도 분명 존재하지만, 이는 경기 사이클과 관련되었을 뿐이다. 이를 배제하기 위해 금융주는 수익원 다변화를 시행하고 있다. 대표적으로 은행주는 이자 수익은 낮추고 비이자 수익은 늘리고 있다.

금융주에 관심을 가지게 되는 요소로는 배당 성향 증가를 들 수 있다.

배당은 주식투자의 중요한 요소 중 하나이다. 투자자들이 실제로 바라는 시세 차익뿐만 아니라, 안정적인 수익을 낼 수 있는 투자 방법 중

Financial Summary	주재무제표 ▼	검색	IFRS ⑦	산식 ⑦		*단위 : 억원,%,배,주		*분기: 순액기준

전체	연간	분기

주요재무정보	연간				●	분기			●
	2018/12 (IFRS연결)	2019/12 (IFRS연결)	2020/12 (IFRS연결)	2021/12(E) (IFRS연결)		2020/09 (IFRS연결)	2020/12 (IFRS연결)	2021/03 (IFRS연결)	2021/06(E) (IFRS연결)
현금배당수익률	4.13	4.64	4.08	5.31					
현금배당성향(%)	24.82	26.00	19.96	27.39		0.00	119.48	0.00	

자료: 네이버 증권

하나이기 때문이다. 최근 들어 배당에 대한 투자자들의 관심이 더욱 커지고 있어서 이제 많은 기업이 배당 성향 유지와 증가를 중요한 이슈로 만들어 가고 있다.

배당에 본격적인 관심이 모아진 데에는 법적으로 2014년 도입된 '기업 소득 환류 세제'가 자극제가 되었다.

2020년 금융 당국은 은행들의 자본 확충을 위해서 배당을 규제했다. 하지만 2021년 이후 은행들은 중간 배당을 포함하여 배당 성향을 높이려 하고 있다. 그만큼 주주 환원 정책을 펼치려는 노력을 하고 있

기업 소득 환류 세제

기업이 한 해 이익의 80% 이상을 투자, 배당, 임금 인상분 등에 사용하지 않으면 법인세로 추가 징수하는 제도로 일종의 사내 유보금 과세 제도다.
이러한 제도의 도입을 통해 투자자들의 관련 관심이 높아졌고, 기업의 배당이 증가하는 데 기여했다.

는 것이다.

이러한 부분을 종합적으로 볼 때 금융지주회사들의 변화에 관심을 가져야 한다고 생각한다. 이들이 과거의 보수적인 주가 움직임을 탈피할 가능성이 매우 커지고 있다.

LG이노텍

기업 개요

:: 1976년 금성정밀공업으로 설립됨. 2008년 유가증권시장에 상장하였음.

:: 연결회사 사업 부문은 크게 광학 솔루션, 기판 소재, 전장 부품, 기타 부문으로 분류됨.

:: 광학 솔루션 부문은 카메라 모듈 등을, 기판 소재 부문은 포토마스크(photomask), 테이프 서브스트레이트(tape substrate), 반도체 기판 등을, 전장 부품 부문은 모터, 센서, 차량 통신 등을 판매함. 기타 부문은 전자 부품이 주요 제품임.

* 자료: 네이버 증권, Fn가이드
* 기준: 2021년 8월 31일

LG이노텍에 관심을 가지게 하는 요소는 주요 생산 품목 중 하나인 카메라 모듈의 확장성이다. 카메라는 사물을 보는 인간의 눈을 대체할 수 있는 중요한 요소이다. 향후 각종 사물은 주위를 인식하고 그에 대

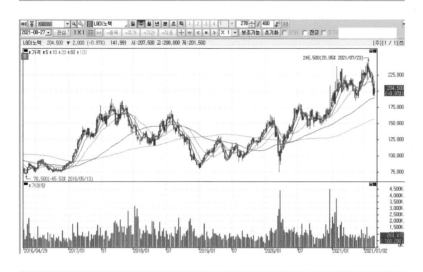

자료: 유진투자증권

해 판단을 내리고 행동을 더욱 정교하게 만들 것이다.

앞으로 카메라는 주위를 인식하는 데 가장 중요한 요소로, 자율 주행 자동차, 휴대폰 등으로 그 쓰임새가 급격히 늘어날 것이다. 이에 증권가에서는 LG이노텍에 대해 연간 영업이익이 1조 원대까지 성장할 것으로 보는 의견도 있다.

향후 추가 성장도 가시적이다. 2022년에는 라이다 센서(ToF)의 확산도 기대된다. 기판 공급 부족이 예상보다 길어지면서 2022년까지 기판 공급 부족에 따른 수혜가 이어질 것으로 보인다. 증권가는 시스템 인 패키지(SiP)와 안테나 인 패키지(AiP) 등 LG이노텍이 강점을 가진 기판의 공급 부족은 2022년도 상반기까지 지속될 것이고, 또한 LG이노텍은 플립 칩 볼그리드 어레이(FC-BGA)의 진입을 검토 중인데 신규 진출의 리스크는 있지만 장기적으로 기판의 가치를 인정받는 계기가 될 것이라고 말하고 있다.

따라서 다양한 분야에서 강자인 LG이노텍에 관심을 가지는 것은 긴요하다고 할 수 있다. (반면 애플카 이슈는 버리자. 지금까지 밝혀진 바로는 가능성은 매우 희박하다.)

 제리 의견 **이마트, 동부건설, 세아제강지주**

이마트

:: 대형 마트 중심 유통 부문 주력 사업(2021년 9월 기준 시가총액 4.8조 원)

① 스타벅스 지분 가치
- 이마트 스타벅스커피코리아 지분 67.5% 보유 최대 주주
  (스타벅스커피인터내셔널에서 17.5% 추가 인수 + 싱가포르투자청(GIC)에서 32.5% 인수)
- 보유 스타벅스커피코리아 지분 가치 1.8조 원(2.7조 원 기업 가치 × 67.5%) 및 4분기 자회사 편입 속 연결 실적 반영(연간 영업이익 +30% 효과 기대)

(단위: 억 원)

	2Q 2021	2Q 2020	증감	1H 2021	1H 2020	증감
순매출액	26,637	22,385	19.0%	50,703	42,551	19.2%
SSG.COM	3,495	3,118	12.1%	6,866	6,188	11.0%
신세계 TV쇼핑	635	202	[+433]	1,228	202	[+1,026]
이마트24	4,795	4,030	19.0%	9,025	7,572	19.2%
에브리데이	3,222	3,130	2.9%	6,372	6,516	-2.2%
신세계 프라퍼티	524	511	2.6%	1,023	1,023	0.1%
PK Retail Holdings	4,114	4,383	-6.1%	7,973	7,746	2.9%
신세계 푸드	3,324	3,072	8.2%	6,524	6,122	6.6%
조선호텔&리조트	717	312	129.4%	1,234	651	89.7%
신세계 I&C	1,332	365	[+967]	2,499	365	[+2,134]
영업이익	90	-277	[+367]	268	-618	[+886]
SSG.COM	-265	-137	[-128]	-296	-334	[+38]
신세계 TV쇼핑	57	20	[+37]	116	20	[+96]
이마트24	8	-52	[+60]	-45	-132	[+87]
에브리데이	68	62	[+6]	113	176	[-63]
신세계 프라퍼티	-71	-85	[+14]	-15	-57	[+42]
PK Retail Holdings	109	39	[+70]	151	4	[+147]
신세계 푸드	82	24	[+58]	133	-15	[+148]
조선호텔&리조트	-192	-180	[-12]	-395	-327	[-68]
신세계 I&C	109	16	[+93]	186	16	[+170]

자료: 이마트 IR 자료

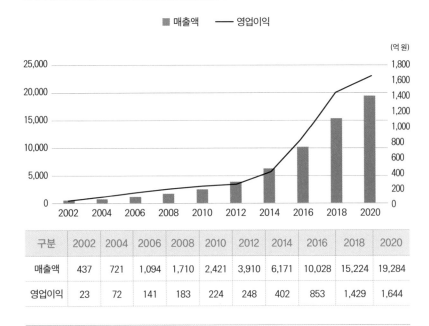

구분	2002	2004	2006	2008	2010	2012	2014	2016	2018	2020
매출액	437	721	1,094	1,710	2,421	3,910	6,171	10,028	15,224	19,284
영업이익	23	72	141	183	224	248	402	853	1,429	1,644

자료: 스타벅스 감사 보고서

② 이커머스 전략적 확대

- SSG닷컴 중심 이커머스 확장 기대

→ 이베이코리아(국내 오픈마켓 3위) 인수 이후 데이터베이스 확보 +
  기존 SSG닷컴 중심 온라인 물류 센터 가동률 확대(4년간 1조 원 온
  라인 풀필먼트 서비스 투자 계획)

- 네이버와의 협업: 네이버 내 이마트 장보기 서비스 2021년 4분기
  출시

- 온·오프라인 및 유통업 간 시너지 효과 기대

③ 보유 자산 재분배 기대

− 최근 M&A 강화 및 이커머스 투자 위한 자금 부담 가능성 대두

→ 2021년 8월 4000억 원 회사채 발행 위한 수요 예측에 1.2조 원 참여: 금액 증액 후 총 5200억 원 발행

→ 향후 잉여 현금흐름(FCF) 고려 시 영향 제한적

− 기존 보유 자산 재분배 기대: 성수동 본사 매각 및 기존 보유 점포 유동화 가능성

→ 2020년 기준 PBR 0.46배

:: 투자 포인트: 기존 오프라인 유통 업체의 한계를 벗어나 이커머스 전략적 투자 확대 속 성과 기대. 이를 뒷받침할 만한 자산 및 자금력 충분.

도표 90. 이마트 연간 실적(좌) vs. 현금흐름 추이(우)

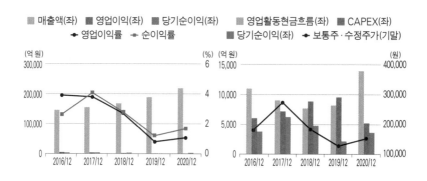

자료: 네이버 금융

동부건설

:: '센트레빌' 브랜드 보유 건설사 + 매출 비중 민간 건축 42%, 관급 건축 25%(2021년 9월 기준 시가총액 3300억 원)

① 건설 업황 양호
- 건설 수주 증가 추세 및 공급 확대 필요성
- 시공 능력 평가 도급 순위 꾸준한 상승세(2021년 기준 21위)
- 재건축·재개발 정책적 확대 시 수주 증가 가능성(센트레빌 아파트 브랜드 평판 9위)

② 한진중공업 인수
- 컨소시엄(동부건설, 한국토지신탁, NH 등) 구성, 한진중공업 66.9% 인수
- 인수 완료 이후 영도조선소 개발 및 수주 재개 기대: 조선 업황 개선 수혜
- 폐기물 사업(동부엔텍) 관계사 엠케이전자에 매각(450억 원)

③ 저평가 및 고배당 메리트
- 2019년 이후 실적 레벨업 + 강한 실적 성장세보다 안정적인 확장세: 업계 내 최저 부채 비율(65%)
- 2020년 기준 PER 6.8배 + PBR 0.68배
- 2020년 기준 시가 배당률 6.6%(지분 56% 보유한 대주주 키스톤에코프

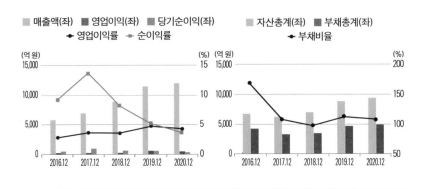

자료: 네이버 금융

라임 특성 고려 고배당 지속 무게)

:: 투자 포인트: 안정적인 성장과 배당 메리트를 고려했을 때 중기적
으로 꾸준히 대응해볼 만한 건설주

세아제강지주

– 세아제강 계열 지주회사 + 상장사 세아제강 및 국내 비상장 4개,
해외 비상장 11개사(2021년 9월 기준 시가총액 5800억 원)

① 수주 기회 확대
– 중국 철강 수출 규제 수혜 시각
– 미국 인프라 투자 법안(물 관리 550억 달러 예산 등) 시행 수혜 + 코로

계열 회사	포인트
세아제강	지분 46.6% 보유 + 유정용·배관용·상수도용 강관 주력
세아씨엠	아연 도금 강판 및 컬러 강판(국내 점유율 4위)
에스에스아이케이	동아스틸 온라인 유통 플랫폼
동아스틸	국내 최대 각 파이프 및 사각 파이프 생산 설비
세아스틸 인터내셔날	해외 계열사 관리 + 중간 지주회사
해외 계열사	미국, 베트남, 일본, UAE, 이탈리아, 인도네시아 등 진출

나19 극복 위한 글로벌 경기 부양책 확대 시 수혜 가능성

→ 미국 반덤핑 관세 완화 + 북미 건설, 오일&가스 산업 업황 회복 수혜

- 글로벌 신재생에너지 프로젝트 증가로 강관·구조물 판매 증가 기대

→ 세아윈드(종속회사 편입), 영국 정부 협력 해상 풍력 모노파일(기초 구조물) 진출(500억 원 투자)

- 기존 높은 수출 비중 에너지용 강관의 변화 기대: 수소, LNG(액화 천연가스) 수요 증가 속 수소 파이프, LNG 가스관 공급 수혜 시각

② 실적 호조 및 저평가

- 2021년 상반기 영업이익 1450억 원(2020년 연간 영업이익 116% 수준) + 2021년 사상 최대 실적 기대

→ 2021년 8월 이후 주가 상승 불구 실적 대비 저평가 여전

- 주당 순자산 24만 5000원대(PBR 0.22배, 2021년 1분기 기준)

도표 93. 세아제강지주 연간실적(좌) vs. 현금흐름 추이(우)

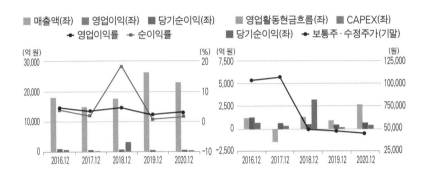

자료: 네이버 금융

- 2021년 1월 이후 회장 장내 매수 꾸준히 증가

∷ 투자 포인트: 지주회사 할인 요인 불구 강한 실적 성장세 및 뚜렷
한 저평가, 신재생에너지 성장 수혜까지 고려한다면 기업 가치 상
향은 동반되어야 할 것으로 전망.

3장

2022년 시장에서,
특히 기억해야 할 매매의 기술

: 톰과 제리의 세 번째 주식 대전망

Q1

그래도 장기투자여야 하는가?
단기투자는 안 되는가?

 톰 의견 장기투자 전제 아래에 투자자의 성향이 중요

    주식투자 방식에는 여러 가지가 있지만, 대표적인 구분 방식으로 투자 기간에 따른 장기와 단기투자를 들 수가 있다.

    이러한 분류법에 근거하여, 투자자는 자신이 어디에 중점을 두고 매매할 것인지 '사전(事前)'에 정해야 한다. 왜 그래야 할까? 그냥 그때그때 시장 상황에 맞게 투자하면 되지 않을까? 그 이유는 소위 비자발적 투자를 방지하기 위해서이다. 상당수 투자자가 원칙 없이 투자할 때 자기 생각이나 의도와 달리 비자발적으로 장기투자를 하게 되는 경우가 많

장기투자	먼저 장기투자에 대한 투자자들의 일반적인 오해부터 이야기하고 넘어가자. 이는 매우 중요한 문제이기 때문이다. 통상 장기투자라면 '투자 기간의 장기(長期)'를 생각하는 경우가 많다. 그래서 무조건 몇 년은 투자해야 한다고 못을 박기도 한다. 하지만 이는 올바른 기준이 아니다. 투자에 있어 장기란 일정 기간을 이야기하는 것이 아니라 저평가된 주가가 기업의 가치에 수렴할 수 있도록 상승을 '기다리는 기간'을 이야기한다. 그런 시간이 얼마나 걸릴지 알 수 없으므로 장기란 시간적 여유를 두고 투자해야 하는 것이다. 따라서 매수 이후 여러 이유로 주가가 단기간에 급등하여 주가가 가치를 반영하게 되면 기간에 상관없이 주식을 팔고 나오는 것이 좋다.
단기투자	단기투자는 주식시장의 재료와 수급 등 일시적인 요소에 따라 주가의 변동성을 보고 적극적으로 매매하는 방식을 말한다. 이는 주가 변동성에 중점을 두기 때문에 상대적으로 매우 빠른 시간에 매매하는 방식이다. 단기투자에 가장 중요한 것은 생각과 다른 주가의 움직임에 대응하는 손절매 능력이다.

다. 그런데 그런 경우 '운'이 좋은 경우를 제외하고는 올바른 투자 수익률을 낼 수가 없다.

주식투자는 무엇보다 장기투자가 전제되어야 한다. 그렇다고 장기투자가 항상 '정답'이라고는 생각하지 않는다. 투자자가 장기투자를 해야 한다는 것은 여러 가지 의미를 내포한다. 먼저 이는 장기투자를 하기에 적합한 '여유 자금'이 있어야 한다는 의미이다. 그리고 기업 가치에 기반하여 주식의 시세가 기업 가치보다 쌀 때 매수하여, 그 정도를 반영하는 시간을 기다릴 줄 알아야 한다는 것 또한 의미한다.

투자자가 투자 목표를 단기로 하기보다는 장기로 하되, 단기에 주가가 상승하면 당연히 단기 매매를 해야 한다.

한편 투자자가 단기간에 수익을 내겠다면 트레이딩에 대한 고도의 훈련이 되어 있어야만 한다. 일단 시장에서 움직이는 종목을 빠르게 선정하고 매수하는 과감성과 더불어, 투자자의 생각처럼 주가가 움직이

투자자가 매매 시작 전에 정해야 하는 사항들

실전 매매를 하다 보면 다양한 상황을 만나게 되는데, 많은 경우 빠르게 투자 결정을 내려야 하는 경우가 생긴다. 이때 투자자의 생각과 다르게 시장이 움직이면 투자자는 혼란에 빠질 수밖에 없다.

투자자가 마주치는 상황에서 매매가 자기 생각과 다르게 진행될 확률은 얼마나 될까? 이는 약 60%가 넘을 정도로 매우 높다. 시장은 오르거나 빠지거나 횡보한다. 투자자는 이 중 하나를 선택할 수밖에 없기에 나머지는 투자자의 생각과 다르게 움직이는 것이다.

그래서 만약 이에 대한 대비가 없다면 비자발적인 투자 환경에 들어서게 됨을 의미하며, 이 경우 대부분의 투자자는 매매를 주도적으로 이끌지 못하고 수동적으로 끌려다니는 상황이 연출된다.

투자는 투자자가 주도적으로 이끌어갈 때 그나마 성공 가능성이 커지는데, 이를 위해서 투자자는 매매에 대한 예측 가능한 상황을 만들어가야 한다. 이러한 말에 적잖은 투자자들이 당혹스러울 것이다. 시장을 통제해야 한다는 생각이 들 수도 있기 때문이다. 하지만 여기서 이야기하는 예측 가능한 상황은 그러한 맥락이 아니라, 시장 상황을 예측 가능한 범위까지 예측한 뒤 그 상황에 맞는 대비책을 세우라는 것이다.

지 않는다면 과감히 손절매할 수 있는 결단력이 요구된다. 여기서 중요한 점은, 단기매매는 필연적으로 손절매와 같이 가야 한다는 것이다.

여기서 질문이 하나 생긴다. 모든 투자자는 주가 상승에 대한 자신만의 100% 확신이 있을 때만 투자하게 된다. 그런데 투자자의 생각처럼 주가가 움직이게 될 확률은 몇 %가 될까? 흔히 생각하기에 상승과 하락이 50대 50이라고 생각하는 경우가 많지만, 아쉽게도 정답은 아니다.

상황을 냉정하게 평가하면 투자자의 생각과 같이(상승) 주가가 움직일 확률은 30% 정도밖에 되지 않는다. 주가는 무조건 상승 30%, 하락 30%, 횡보 30%의 동일한 확률로 움직이는데, 여기서 하락과 더불어 횡보는 기회비용 등을 감안할 때 투자자는 손실로 생각해야 하기 때문이다.

실상이 이렇기에 투자자는 자신의 100% 확신이 실현될 확률은 30%라는 점을 사전(투자 전)에 인지하고 있어야 한다. 이를 통해 자기 생각처럼 주가가 움직이지 않는다면 어떻게 할 것인가를 미리 준비하고 있어야 하는 것이다. 이 경우 특별한 경우를 제외하고 대부분 손절매로 대응해야 한다. 그렇지 않은 경우 투자자는 '종목의 늪'에 빠져서 비자발적 투자로 강제 전환을 당하게 된다. 문제는 대부분의 투자자에게 손절매는 실행하기 어려운 문제라는 점이다.

다시 말하지만, 단기투자와 손절매는 동행하는 개념이다. 단기투자가 절대 단기 고수익만을 의미하지 않는다는 점을 알아야 한다.

단기투자자가 몇 차례 실수하고, 여기에 더해 손절매 시점을 정확히 파악하지 못한다면 큰 손실을 보고 더 이상의 투자가 어려워질 수 있다는 점을 알아야 한다. 따라서 일반적인 투자자라면 단기보다는 장기투자에 집중해야 한다고 생각한다. 그 당위성은 충분하다.

제리 의견 단기투자도 병행

주식투자 서적이나 증권 관련 유튜브에서 반복적으로 나오는 일관적인 투자 조언은 "투자는 장기로 하라", "적금을 들듯이 우량주를 모아가라"이다. 이 명제에 대해 잘못되었다고 지적하고 싶은 생각은 없다. 주식투자를 한다면 당연히 긴 호흡으로 장기적인 자금 분배와 시장 추세적 접근으로 대응하는 것이 가장 성공 확률을 높이는 방법이라는 점에는 이견이 없다. 하지만 일률적인 조언이 가져오는 위험성에 대해서는 한 번쯤 짚고 넘어갈 필요가 있다.

'무조건'이라는 단어의 위험성

한 주식투자자와 이야기를 나눈 적이 있다. 모든 투자 조언을 보면 중장기 투자를 위해 포트폴리오를 짜고 그에 맞춰 계획적인 전략으로 대응하라고 해서, 처음에 본인도 그 기준에 따라 주식 매매를 시작했다고 한다. 하지만 시장의 출렁임이 이어지는 여러 사건을 겪다 보니 수익률도 시원치 않고 주식을 들고 무조건 장기로 가는 게 불안하게 느껴졌다고 했다. 그 이후 전략을 바꿔서 무조건 보유가 아니라 본인이 원하는 적당한 수익률을 생각해 놓고 그때그때 시장에서 움직이는 종목 중심으로 대응하는 쪽으로 바꿨더니 훨씬 수익이 높았다고 한다. 시장이 별로 안 좋다고 생각하면 그냥 현금을 보유하고 관망하다가 다시 안정되면 지켜보던 종목 중에 많이 하락한 종목이나 그 시점에서 시장을 끌고 가는 종목 중심으로 매매하는 전략이 결과론적으로 더 낫다고 이야기했다.

그는 게임 회사 직원이었는데, 직업의 특성을 발휘해 다이내믹하게 시장을 대한다는 생각이 들었다. 하지만 중요한 사실은 '나에게 맞는 스타일'을 발견했다는 점이라고 본다. 일률적인 투자 공식이 있으니 여기에 따라서 맞춰가야 한다는 정형화된 전략은 오히려 독이 될 수 있다. 인생도 마찬가지겠지만 주식시장에도 정답은 없다. 인생의 최종 목적인 행복한 삶을 살기 위해 다양한 직업과 취미로 인생을 즐기는 사람을 인정하는 것처럼 주식투자에 있어서도 '수익 창출'이란 최종 목표로 가는 데는 다양한 접근법이 있을 수 있다.

시시각각으로 출렁이는 주식시장에서 2300개가 넘는 종목이 마치 살아 움직이는 생물 같은 역동적인 변화를 이어가는데, 그에 대응하는 전략과 시각도 다양하게 나타날 수밖에 없다. 아무리 큰돈을 번 사람의 특급 비법이라 하더라도 나와 맞지 않는다면 비법이라고 볼 수 없다. 급등하는 종목은 이유가 있다는 관점에서 강한 종목만 매매한다거나, 하락 폭이 큰 종목만 골라서 반등을 노리는 방법 등 다양한 매매 스타일이 있을 수 있다.

물론 급변하는 종목은 예측할 수 없는 변동성에 노출될 수밖에 없다. 이를 얼마만큼 잘 조절하고 이용하느냐가 핵심이긴 하겠지만 오히려 이를 즐기면서 설명할 수 없는 동물적인 감각으로 매매를 잘해나가는 투자자도 있다. 하지만 이는 통계적으로 보면 소수일 뿐이고 꾸준히 수익을 쌓아갈 수 있느냐는 또 다른 숙제이다.

결론적으로 이런 식으로 시장을 계속 지켜볼 수 있는 시간적 여유나 매매의 감각이 없는 일반 투자자라면 오히려 손실을 볼 가능성이 크니 긴 호흡에서 시장과 종목에 꾸준히 대응하는 전략이 낫다는 의견이 대세를 이룬다. 다양한 방법으로 시장에 접근했지만 해봤더니 중장기적 시장 대응이 훨씬 낫더라는 게 정답에 가까운 현실일 것이다. 그럼에도 앞서 언급한 투자자의 사례처럼 단기적인 접근이 나에게 맞는다고 한다면 그 또한 부정할 수 없는 하나의 투자법이다.

결국은 주식투자가 이제 막 시작 단계인 투자자라면 나에게 맞는 투자법을 익히기 위해 다양한 방법을 시도해보고 수정하고 맞춰나가는 게 가장 좋다고 본다. 찾아가는 방법을 정형화시키고 또 이어질 상황에 맞추기 위해 기록하면서 체화시키는 게 가장 바람직할 것이다. 물론 실험적인 방법을 시도한다면 시행착오의 가능성을 감안해 투자 금액을 줄여야 한다.

혹자는 매매가 처음인 이들을 위해 적응 과정을 거칠 수 있고 나만의 매매 스타일을 찾아 다양한 실험을 해볼 방법으로 모의 투자를 권하기도 한다. 실제 매매 환경과 똑같이 만든 증권사의 HTS 또는 MTS로 적응해가는 것도 좋은 방법이라고 권유하지만 개인적으로는 이에 대해 반대하고 싶다. 간접 체험의 한계는 분명히 존재할 수밖에 없고 실제 돈이 아니기에 공격적일 수밖에 없다. 어느 정도 자신감이 들었다고 해도 실제 매매에서 진짜 내 투자금이 들어가서 움직일 때와는 큰 차이를 보일 수밖에 없다. 모의 투자에서는 과감하지만 실제 매매에서는 그렇지 못하다. 시스템을 미리 체험하는 정도로만 생각하고, 투자금을 적게 해서 실제 매매로 직접 대응하는 것이 훨씬 현실감 있게 체득할 수 있는 방법이라고 본다.

단기투자 시 기억해야 할 5가지

첫째, 단기투자의 시장 대응력이다. 주식시장은 현재 살아가는 모든 환경을 반영하고 주가 또한 그에 영향을 받는다. 좀 더 명확하게 말하자면 여기서 영향이란 단어는 미래 지향적이다. 즉 발생했던 사건과 현상이 '앞으로 미래에 어떤 영향을 줄 것인가'에 주가는 반응한다. 최근 사람들이 많이 찾기 시작하는 음식이나 음료를 만드는 회사의 주가가 오르고, 인기가 올라가는 가수의 기획사나 히트한 영화를 만든 제작사의 주가가 상승하게 된다. 반대로 한때 핫했던 트렌드가 식어가면 이와 관련된 주가는 언제 그랬냐는 듯 슬금슬금 하락한다. 즉 미래에 해당 기업의 실적과 가치가 변화할 가능성에 주가가 움직이는 것이다. 하지만 이와 같은 트렌드가 길게 갈 수도 있지만 단기에 강하게 반영되는 경우도 많다. 그만큼 빠르고 다양한 사회의 변화라는 점에 초점을 맞출 때 이를 반영하는 주가는 긴 호흡으로 대응하기 힘들다. 이는 단기적인 대응이 효율적일 수밖에 없다.

둘째, 단기 매매 시에는 예상하는 투자 아이디어와 시세 변화가 핵심이다. 즉 예상하는 투자 아이디어가 시세와 연결되는 고리를 확인해 나가야 한다. 차트를 선호하는 편은 아니지만 단기 매매 시에는 이를 적

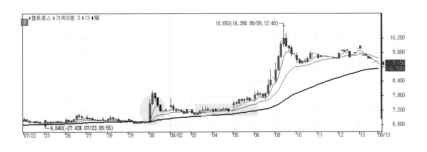

자료: 메리츠증권HTS

절히 이용할 필요가 있다.

[도표 95]는 최근의 켐트로스 주가의 움직임과 단기 매매의 대응 사례이다. 2차 전지 소재에 대한 관심이 높아지면서 양극재의 대표 주자 에코프로비엠, 엘앤에프 등 관련 주가가 강세를 보인다. 그렇다면 상대적으로 덜 오른 2차 전지 소재주 또는 덜 알려진 관련주를 찾게 된다. 그때 유기화학 소재를 주력으로 하는 회사로 2차 전지 전해액 첨가제 (전체 매출 중 약 17% 비중)를 생산하는 켐트로스에 관심이 모인다. 처음 시장에서 관심을 끌며 원형처럼 시세가 상승세를 보인다. 그 이후 단기 차익 매물이 이어지는 구간에서 시세의 소멸로 이어지는지 재차 강세로 나아가는지 확인해야 할 구간이다. 이때 분봉상의 주요 지지권 내에서 큰 이탈 없이 매물이 소화되는 과정을 거친다면 추가 상승을 예상할 수 있다. 이를 이용해서 첫 시세 전에 진입하지 못했다 하더라도 횡보 구간에서 물량을 늘려가는 전략을 취한다. 다시 시장에서 2차 전지 소재의 관심이 높아지면 이는 주가의 2차 상승세로 확산하게 된다.

이를 중기적인 관점에서 보기에는 아직 매출 비중과 실적 대비 주가 수준이 확인이 덜 되었다고 판단해 시세를 이용하는 전략에 초점을 맞추고 주가 급등 시 수익을 실현하는 자리로 대응한다. 위와 같이 시장에서 주도적인 흐름을 갖는 섹터에서 그에 동참할 만한 투자 아이디어를 찾고, 중기적으로 끌고 가기에는 부족한 상황을 단기 대응으로 이용할 수 있다.

셋째, 단기투자의 접근은 유연성이 핵심이다. 내가 예상하는 방향으로 이어지지 않을 때의 대응력 또한 중요하다. 앞서 켐트로스의 사례에서 시세가 1차 상승 시기의 원형 패턴 이후 반짝하고 소멸될 수 있기에 꾸준히 주가를 관찰할 필요가 있다. 만일 중기 지지권을 이탈해서 시세가 소멸된다면 예상과 다른 시세의 움직임이다. 이때는 '나중에 다시 오르지 않을까' 하는 미온적 대응보다 빠른 정리가 필요하다. 아이디어는 좋았지만 의도치 않은 매물이 증가해 추가 시세로 연결되지 못한다는 데 초점을 맞춰야 한다. 오히려 하락했다가 안정을 찾을 때 다시 매수할지언정, 지지권이 이탈했을 때의 대응은 단기적 접근에서는 단호하게 대응해야 한다. 이런 빠른 결단력이 부족하거나 시세를 관찰할 시간적 대응이 어렵다면 단기적 투자 접근은 나에게 맞지 않을 수 있다. 이런 한계를 분명히 짚고 투자에 적용해야 나의 매매 전략을 단단하게 꾸려갈 수 있다.

넷째, 빠른 매매에서 발생할 수 있는 기회비용이다. 매매가 빠르다 보니 발생하는 거래 수수료 등의 비용 또한 늘어나게 되고, 단기 대응을 위해 관찰하느라 놓칠 수 있는 또 다른 매매의 기회이다. 예를 들면

A라는 종목에 너무 집중하다가, 시장이 크게 출렁이는 상황에서 관심을 가지고 있던 B의 매수 기회를 놓칠 수 있다. 특히 중기적인 매매도 병행한다면 시장 상황에 따라 비중을 늘리거나 포트폴리오를 조정할 기회 또한 놓칠 수 있다. 따라서 종목 중심으로 단기 대응에 신경 쓰되, 시장의 큰 흐름 또한 곁눈질로 챙겨야 하는 이유가 여기에 있다.

다섯째, 가능한 많은 투자 아이디어를 얻을 수 있어야 한다. 중기적 접근에도 마찬가지이겠지만 단기투자에서는 활용할 수 있는 많은 투자 아이디어가 필요하다. 최근에 시장을 주도하는 섹터가 어디인지, 외국인 기관이 선호하는 섹터가 어디인지를 꾸준히 관심을 가지고 시장을 정리해나가야 하고, 최근 유행하는 트렌드도 계속 관찰해가며 투자 아이디어를 찾는 데 주력해야 한다. 인생을 이렇게 피곤하게 만들 필요가 있느냐는 질문을 할 수도 있겠지만, 투자에 열정이 있다면, 그리고 주식투자로 의미 있는 성과를 내겠다고 독하게 마음먹은 이상 당연히 해야 할 기본이라고 본다. 오히려 이런 불만을 제기하는 사람들에게 "주식투자에 진심인지"를 되묻고 싶을 뿐이다. 뛰어난 투자자가 몇백 %의 수익률을 올렸다는 뉴스를 단순히 부러워하기보다는 꾸준히 투자 아이디어를 찾고 상상해가며 매매에 연결하는 열정과 노력에 박수를 보내는 게 더 낫다고 생각한다. "나는 회사일 때문에 바빠…" "일이 바빠 공부할 시간이 없어서 어쩔 수 없어…" 하며 핑계를 앞세우지만 결국은 안 해본 것이고, '내가 하면 될까?'라는 생각에 지배당했을 뿐이다. 시장은 치열하게 탐구하고 열정을 보여주는 투자자에게 적어도 기회는 준다고 믿는다.

장기투자 시 기억해야 할 3가지

단기투자에 관한 내용을 쓰다 보니 단기투자 예찬론자처럼 보였을 수도 있겠다. 장기투자의 매력 또한 무시할 수 없고 보통 큰 수익은 장기투자에서 발생한다. 그만큼 장기투자는 끝날 때까지 끝난 게 아니라는 생각으로 지치지 않고 시장의 변동성을 충분히 활용해 적어도 목표한 수익률까지 끌어낼 수 있느냐가 관건이다. 그런 관점에서 중요한 장기투자 포인트는 무엇보다 시장이 내가 투자한 기업의 진면목을 다시 봐줄 때까지(재평가를 받을 때까지) 흔들리지 않고 스스로 다독이며 버텨낼 수 있느냐이다. 시장이 출렁이면 마음도 흔들린다. 보유하고 있는 종목에 대한 관점도 수시로 바뀐다. 내일 더 하락할 것 같은 마음에 팔고 싶은 생각이 요동친다. 하지만 기업은 그리 쉽게 바뀌지 않는다. 어제도 회사 운영은 잘되었고 내일도 그대로 진행될 것이다. 바뀐 건 시장 때문에 주가를 바라보며 흔들리는 내 마음뿐이다. 결국은 잘 선택한 기업을 처음에 생각한 투자 아이디어가 훼손되지 않는지(실적과 데이터 등)를 확인하면서 충분히 성과가 나올 때까지 끌고 가는 '나'가 제일 중요한 포인트이다.

무엇보다 첫째도 기업, 둘째도 기업이다. 주식투자의 핵심은 투자한 기업의 가치가 상승했을 때 그를 반영하여 주가가 올라가며 이후 이어지는 시세 차익이다. 투자 시에 발생하는 배당이나 주주 환원 정책도 매력이겠지만 가장 중요한 부분은 시장이 알아줄 수 있는 매력을 가진 기업을 골라내는 일이다. 마찬가지로 꾸준한 업황과 기업에 대한 관심

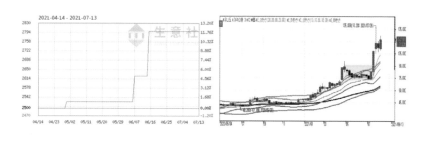

자료: SunSirs.com + 메리츠증권HTS

이 당연히 중요한 포인트이지만 단기투자와는 달리 중기투자에서는 업황과 기업에 대한 충분한 공부를 통해 기업의 가치를 확인하고 상대적으로 비싸지 않은 주가를 노리는 전략이다. 따라서 기업 내용(사업 보고서), 펀더멘탈(재무제표), 기업의 매력(증권사 리포트, 수출 동향 등 연관될 수 있는 데이터) 등은 당연히 챙겨야 할 필수 요소이다. 특히 중기적으로 꾸준히 끌고 가겠다면 보유한 후 마음이 편해야 한다. 불안한 펀더멘탈을 가졌다면 마음이 편할 수 없다. 그래도 생각하는 주가의 모멘텀이 매력적이라면 차라리 단기투자로 선회해서 이를 시세만 이용하는 전략으로 대응하는 게 좋다.

중기적 관점에서 대응했던 유니드의 관점을 살펴보자. 2021년 초 경기민감주의 강세가 이어지며 철강, 화학 등 중화학 기업이 시장을 주도했다. 그 가운데 관련 종목 중 좀 더 싸고 재평가될 만한 종목이 없는지 찾는 과정에서 유니드란 회사를 찾았다. 가성칼륨 매출 70%, MDF(중질 섬유판) 25%의 매출 구성을 보여주는 가운데 해당 품목에 대한 변화를 확인했다. 가성칼륨의 원료로 쓰이는 염화칼륨의 가격이 오르다 보니 제품 가격을 올릴 수 있는 근거가 된다고 보았다. 게다가 가성칼륨 생산 시 나오는 부산물인 염소가 가격이 상승하면서 톡톡한 효자 노릇을 할 가능성이 커졌다. 게다가 국제 목재 가격이 상승하면서 생산하는 MDF 또한 가격 상승의 요인이 된다고 보았다. 그럼에도 불구하고 유니드는 2020년 기준 PER 5배, PBR 0.5배 수준의 저평가를 보이는 상태였다. 낮은 부채 비율이나 양호한 현금흐름의 재무 구조 또한 매력적이었다. 이에 따라 실적의 상승은 주가의 재평가를 보여주기에 충분하다고 판단했다.

이와 같은 현상이 꾸준히 주가에 반영되다가 4월 말 무렵 한차례 급등이 나타났다. 포인트는 여기서부터다. 시장은 코로나19가 재유행하고 경기민감주의 상승세가 한풀 꺾이면서 유니드의 주가 또한 단기 차익 매물과 함께 약 2개월간 조정이 나타났다. 고점 대비 20%의 조정이 이어지는 가운데 시장에서는 경기민감주의 피크아웃 가능성, 즉 상반기 대비 하반기 실적이 하향될 가능성에 대한 의문이 쏟아졌다. 마찬가지로 주가의 조정이 들어오면, 평가익인 상태여도 보유자의 입장에서 편하지는 않다. 주가가 강할 때 한 번 팔 걸 그랬나 하는 생각에 지금이라도 정리해야 하는지가 주요 관심사일 수밖에 없다. 그럴수록 반드시 초기에 생각했던 투자 아이디어가 훼손되는지를 점검하는 과정이 필요하다. 유니드의 경우 1분기 양호한 실적에 이어 원료 가격의 강세가 계속되다 보니 2분기 실적 또한 크게 흔들리지 않을 것이라 판단했다. 시장의 노이즈에도 필자(제리)가 생각했던 포인트에 변화가 없다

종목	매입 금액	수익률	매도 결과
A	10,000,000	30%	13,000,000
B	13,000,000	25%	16,250,000
C	16,250,000	25%	20,312,500

※ 10,000,000 단순 투자 시 수익률 80%

10,000,000 재투자 시 수익률 103%

면 2개월간의 조정은 굳건히 버텨가는 게 맞다. 결국 2분기 실적 또한 서프라이즈로 발표되면서 주가는 한 단계 추가 상승을 이뤄 1차 상승 때보다 더 강한 시세를 형성하는 결과를 맞게 되었다.

결국 중기투자에서 매수 포인트는 시장에서 제대로 평가를 받지 못 하는 가운데 '싸다'의 논리로 시작해서 접근하고, 매도 포인트는 재평가 를 받은 이후 내가 생각한 수준까지 주가가 올라왔을 때, 또는 더 좋은 싼 종목을 발견해서 지금 보유 종목보다 더 높은 수익률을 노릴 수 있 을 때 교체의 관점으로 대응해야 한다고 정리할 수 있다.

둘째, 복리의 효과를 노린다. 중기투자의 핵심은 보유하면서 이어나 가는 수익률 확대에 있다. 즉 재투자를 통해 복리의 효과를 누려가는 데 포인트를 맞춰야 한다.

위 [도표 97]의 결과처럼 세 번의 매매를 통해 꾸준히 수익이 발생했 다고 가정했을 때 1000만 원으로 처음과 같이 일정하게 종목을 산 경 우와 수익금까지 재투자해서 누리는 복리의 결과는 차이가 크게 나타 난다는 점이다. 여기에 배당금까지 추가로 계산하면 수익률 차이는 훨씬 더 커질 수 있다. 따라서 충분히 기업에 대한 이해도를 높여 적절한 분할 매수와 재투자를 통해 복리 효과까지 이어나가는 게 훨씬 더 드라마틱한 수익률을 이끌 수 있다. 마찬가지로 단기투자 또한 비슷한 복리 수익률을 노릴 수 있겠지만 개인적으로 유연성을 높여야 하는 매매인 만큼 복리 개념보다는 언제든지 상황에 맞게 대응할 수 있도록 생각한 초기 비중 중심으로만 대응하는 게 낫다. 예상했던 주가 패턴이 나오지 않아 손절매하는 경우 반대로 역복리 효과로 손해가 커질 수 있기 때문이다.

셋째, 장기투자 종목를 선정할 때 단순히 저평가만이 고려 대상은 아니다. 증시 격언 중에 "한 번 저평가는 영원한 저평가"라는 이야기도 있다. 즉 실적 대비, 자산 대비 저평가가 몇 년째 이어지지만 시장은 이를 외면하는 경우가 많다. 즉 저평가를 해소하기 위한 모멘텀이 어떻게 발생할 수 있는지를 찾아내는 게 가장 큰 포인트이다. 대표적으로 경기민감주의 경우, 꾸준한 업력 속에서 자산 대비 저평가를 보이는 경우가 많고 실적은 경기 사이클에 따라 변화한다. 따라서 단순한 저평가 논리에 무게를 두는 것보다 실적 구조를 확인하며 접근하는 전략이 필요하다.

즉 일반적인 경기민감주의 실적 구조를 제품가격(P)과 수요(Q), 들어가야 할 고정비용(C) 측면으로 볼 때 기업 실적은 아래와 같이 나타난다.

P(제품가격) × Q(수요) − C(고정비용) = 기업 실적

따라서 경기 사이클과 함께 원가가 올라가면서 제품 가격(P)을 충분

히 올릴 수 있는지, 전방 업황이 호조를 보이면서 수요가 살아나는지 (Q), 발생하던 고정비용 이상으로 실적이 이어지면서 충분한 레버리지 효과를 발생할 수 있는지와 운송비, 유가 등을 고려한 영향(C)까지 확인해야 한다. 그에 따라 실적 변화가 저평가를 해소할 수 있는지를 타진해야 한다. 무엇보다 사이클이 끝나면 실적 또한 영향을 받는다. 따라서 무조건 장기투자로 길게 가는 대응보다는 사이클 마무리 시점 또는 그 이전이 주식 정리 시점이 되어야 한다.

단기투자와 장기투자의 적절한 컬래버

앞에서는 다양한 단기 및 장기 투자의 관점에서 언급했지만, 결론적으로는 이 둘의 장단점을 적절히 보완하여 활용하는 게 좋다.

개인적으로는 자금 구분과 대응을 아래와 같이 한다. 이를 위해 계좌를 분리하여 초기에 자금 배분을 단기투자 계좌(A), 장기투자 계좌(B)로 구분하여 설정하는 것 또한 권하고 싶다. 가치투자를 표방하고 중장기투자에만 초점을 맞추고 내 종목 위주로만 살핀다면, 시장의 트렌드와 변화에 무심해지면서 혹시나 이용할 수 있었던 매매의 기회 또

도표 98. 필자 제리의 단기투자와 장기투자의 컬래버 예시

구분	자금 배분	포인트
단기투자	20%	모멘텀 위주 대응 + 시세 변화 주력 + 유연한 대응
장기투자	80%	저평가 초점 + 추세 중심 대응 + 목표까지 흔들리지 않는 멘탈

한 놓치게 된다. 애써 중기투자자의 시각을 표방한다는 신념 아래 나를 그리고 내 계좌를 소외시킬 필요는 없다. 그에 따라 자칫 같은 계좌에서 이를 병행하다가 뒤죽박죽될 가능성을 대비해 이를 미리 구분하고 대응하는 방법이 효율적이리란 생각이다.

또한 이와 같은 구분은 시장에 맞춰 상황별로 대응할 수 있다는 장점이 있다. 단기투자로 접근했는데 의외로 장기적으로 기대할 종목이라 판단되면 매수한 주식을 장기투자 계좌로 이체시켜 중기적인 대응을 해나갈 수 있고, 반대로 시장의 순환매가 빠르고 단기적 대응이 더 적합한 시장이라면 장기투자 자금을 좀 더 단기투자로 이동시켜 대응할 수 있다. 또한 단기투자에서 수익이 발생하는 부분은 장기투자로 꾸준히 넘겨 언제든 장기투자에 활용할 수 있는 자금력을 키워 놓는 게 좋다. 따라서 단기투자는 일정 금액으로 유지하며 시장 트렌드와 시세에 유연하게 대응하고 꾸준히 장기투자를 키워나가겠다는 입장으로 전략을 짜는 게 좋다. 시장을 대응하다 보면 말처럼 쉽지 않고 이를 명확히 구분하는 것 또한 어렵다. 하지만 장 마감 이후나 주말을 통해 꾸준히 계획적으로 계좌 대응을 정리해나가고 다듬어서 하나의 습관으로 만든다면 오히려 더욱 체계화된 시장 대응 능력이 생길 수 있다고 확신한다.

Q2

가치주만이 살 길인가?
테마주는 해선 안 되는가?

 톰 의견 테마주 매매, 할 수 있는 투자자만 하라

가치주 투자와 테마주 투자의 차이점은 무엇일까? 이제 이에 대한 고민 또한 진지하게 해보자.

그전에 먼저 가치주 투자는 좋은 투자이며 무조건 장기투자이고, 테마주 투자는 다소 위험하면서도 조심스러운 투자이며 무조건 단기투자일까? 과연 이렇게 나눌 수 있는 것일까? 필자(톰)는 가치주 투자와 테마주 투자로 나누는 것에 신중해야 한다고 생각한다.

우선 이 둘을 나누는 기준은 위에 서술한 것이 아니라, 투자자의 성

도표 99. 가치주 vs. 테마주

가치주 투자	기업의 본질 가치에 기반을 두고 투자하는 방법. 많은 위대한 투자자가 공통적으로 사용하는 방식이다.
테마주 투자	시장의 많은 투자자가 관심을 보이는 특정 이슈 등이 나왔을 때 이에 반응하는 투자자들의 관심이 일시에 집중되면서 주가가 급등하는 경우가 있는데, 이를 보고 투자하는 것을 말한다. 테마주는 몇 가지로 나눌 수 있는데, 단순히 투자자들의 관심을 확실히 끌 만한 이슈를 바탕으로 이루어진 단기 테마주가 있고, 정부 정책 등과 어우러진 중기 정책 테마주가 있다. 이러한 구분에 따라 매매의 방식이 달라진다. 단순 테마주는 투자자들의 관심이 있는 단기에 매매해야 하지만, 정책 테마주는 단기와 중기 투자를 적절하게 혼용해야 한다.

향과 환경에 따른 문제라는 점을 말하고 싶다.

이런 이야기에 반문을 제기하는 투자자들도 있을 것이다. 하지만 여러 상황을 이해하지 못하고 무작정 생각 없이 투자하면 여러 가지 불편한 상황에 부딪치게 될 수 있다는 점을 분명히 알아야 한다.

먼저 테마주는 전문적인 트레이딩 훈련이 되어 있지 않은 일반적인 개인투자자들에게 적합한 방식이 아니라고 분명하게 말할 수 있다. 하지만 테마주라 해도 정밀한 분석이 가능하며, 단순 테마가 아니라 시장의 방향을 바꾸는 중요한 이슈라면 신중한 접근이 가능하다고 생각한다. 이 경우는 단기적 시각이 아니라 장기적 시각을 동반해도 무방하다.

가치투자를 해야 하는 이유는 주가가 궁극적으로 가치에 수렴할 것이기 때문이라고 앞서 언급했다. 가치에 기반하지 않고 투자를 한다면 주식투자는 그 근거를 잃어버리게 된다. 주가를 구하는 공식 역시 앞서 언급했다.

$$주가 = EPS(주당순이익) \times PER(주가수익비율)$$

이 공식을 다시 분석해보면 두 가지 사실을 알 수 있다. 주가는 객관적인 숫자로 확인 가능한 절댓값을 가진 항목과 투자 상황에 따라서 변화하는 변수로 나눌 수 있다는 점이다. 여기서 절댓값을 가지는 숫자는 EPS를 말하고, 상황에 따라 변화하는 숫자는 PER을 말한다. (일부 증권사 리포트에서 PER을 절댓값으로 취급하는 경우가 종종 있는데 필자는 그 논리를 받아들이지 않는다.)

가치투자는 EPS에 확고히 기반을 두는 투자를 말한다. 물론 후행 EPS, 선행 EPS 중 어느 것에 중점을 두느냐 하는 문제는 투자자가 결정할 문제이기는 하다. 이는 투자자의 믿음과 동시에 투자자 서로가 약속한 것이다. 이러한 약속이 없다면 변동성이 큰 투자를 장기로 절대 가져갈 수 없다. EPS와 PBR은 서로 다른 개념이지만, 가치투자를 뒷받침하는 근거가 된다는 점에서는 비슷하게 취급해야 한다.

필자는 가치주 투자와 테마주 투자에 대해서는 '된다, 안 된다' 식의 접근법보다는 이 역시 투자자의 성향과 관련 있다는 점을 강조하며, 그

도표 100. EPS vs. PBR

EPS	주당순이익	기업의 당기순이익을 총 발행 주식 수로 나누면 구할 수 있다. 주식이 가지고 있는 기업의 가치를 측정하기 가장 좋은 자료 중 하나이다.
PBR	주당순자산	기업의 자산을 총 발행 주식 수로 나누면 구할 수 있다. 기업의 자산 가치는 성장 가치와는 다르지만, 최소한의 근거로 활용할 수 있다.

리고 이는 매매 기법과도 관련이 깊다고 말할 수 있다.

투자자가 빠르게 테마 관련 주식을 바로 인식할 수 있고, 종목의 습성을 파악한 뒤 과감하고 빠른 결단으로 매매할 수 있다면 테마주 매매에서도 훌륭한 투자 성적을 거둘 수 있다고 생각한다. 하지만 매매 타이밍이 다소 느리고, 결단력을 빠르게 발휘하지 못한다면 테마주 매매는 오히려 투자자에게 독이 될 수 있다는 점을 알아야 한다.

한편 보편적으로 테마주 투자는 득(得)보다 실(失)이 많을 수 있다는 점도 알아야 한다. 테마주 투자가 잘못되면 불나방과 같은 상황에 처할 수 있다. 자칫 잘못 뛰어들었다가는 자신을 태울 수 있다는 셋이나. 따라서 신중함이 많이 필요하다고 하겠다.

제리 의견 테마주 매매도 필요

테마주의 정확한 이해

기업 관련 내용을 찾아보고 기사를 검색하다 보면 쉽게 접할 수 있는 광고 중 하나가 "○○ 테마주로 100% 넘게 벌었어요", "다음 시장의 주도 테마는 ○○! 관련주가 궁금하세요?" 같은 내용이다. 특히 최근 주식 수익률이 별로였다면 은근 눈길이 갈 수도 있다. 시장이 안 좋을 때마다 더욱 이 같은 광고가 더 많이 보인다는 건 필자(제리)만의 생각일까?

원래 테마주라는 것은 우리가 알고 있는 것처럼 부정적인 개념이 아니다. 네이버에 검색해보면 "주식시장에 새로운 사건이나 현상이 발생하거나 증권시장에 큰 영향을 주는 일이 발생할 때 이런 현상에 따라 움직이는 종목군"이라고 나온다. 따라서, 첫째 같은 재료에 연결되어 움직이는 종목군, 둘째 생활 주변에서 나타나는 다양한 현상(정치·경제·사회·문화 및 계절·날씨·선거·유행 등)을 반영하는 주가, 이 두 가지가 핵심 포인트이다.

먼저 다양한 사회 현상을 반영한다는 것은 주가의 속성상 당연한 이야기이다. 하지만 여기서 구분해야 할 것은 테마의 실체라고 본다. 즉 어떤 사회 현상이 실질적으로 기업의 중기적인 실적을 변화시킬 수 있는 요인이라면 당연히 관심을 가져야 한다. 예를 들어 코로나19 사태로 인해 집에 있어야 하는 시간이 늘다 보니 발생하는 음식료주, 가구 관련주 또는 새로운 친환경 정책으로 수소 경제에 대한 정부의 정책 육성 움직임이 발표될 때, 관련된 수혜를 입을 수 있는 수소 분해·수소 탱크 관련주 등이 하나의 예일 수 있다. 하지만 여기에도 어느 정도 판단의 구분이 필요하다. 적어도 기업 실적에 변화를 이끌 수 있는 개연성이 있다면 좀 더 내용을 확인하면서 접근 가능하겠지만 단순히 테마주 움직임의 초기이기 때문에, 기술적인 급등주 패턴을 보이기 때문에 식의 논리로 접근하는 것은 오히려 좋지 않은 결과를 초래할 수 있다.

또한 테마주의 지속력 여부도 중요하다. 날씨가 갑자기 더워져서 음료나 빙과류가 잘 팔릴 것 같아 움직이는 음식료주도 테마주이고, 글로벌 정부 육성 정책으로 전기차의 확장이 기대되어 이어지는 2차 전지 관련주도 테마주이다. 하지만 두 테마주의 관점은 다르다. 계절적 성수기의 한계를 보일 수밖에 없는 테마와 산업의 확장세로 커갈 수 있는 테마에 대한 접근은 다를 수밖에 없다. 따라서, 첫째 어떤 현상이 기업 실적의 변화를 이끌 것인가, 둘째 지속력은 얼마나 될까에 포인트를 두고 나의 판단으로 해볼 만하다고 생각되면 테마주도 적극적으로 이용해볼 필요가 있다.

시장을 주도하는 강한 주도 섹터가 있는데 '나는 테마주는 안 해, 나는 가치투자자니까'라며 스스로를 단정하는 것은 자신의 계좌를 시장에서 소외시키고 결국 도태되는 결과를 만들 뿐이다. 가치투자는 기업의 내용을 충분히 이해하고 가치의 변화를 기대하며 대응하는 투자가 기본이다. 사회 현상이 바뀌어 충분히 기업 가치가 변할 가능성이 크다면 진정한 가치투자자는 움직인다. 무조건 저평가 종목을 길게만 끌고 간다고 가치투자자가 아니다. 지금 기업 가치가 비싼 측면이 있어도 업황의 변화와 사회 트렌드를 고려할 때 기업의 성장이 더 빨라져서 오히려 1~2년 뒤의 가치 대비 현재가 싸다고 판단되면 이를 적극 활용하는 것도 가치투자자가 할 일이라고 본다.

무엇보다 테마주를 부정적으로 바라보게 되는 이유는 과도한 기대감과 그에 따른 변동성의 확대 때문이라고 본다. 보통 어떤 사회 현상이 발생하면 테마주의 측면에서 그에 따른 수혜로 기업 실적과 가치의 변화를 기대하는데 이런 관심과 한번에 몰리는 매수세로 인해 왜곡 현상이 발생한다. 즉 일단 사고 보자는 분위기로 인해 예상하는 기업 가치보다 더 큰 주가 상승이 나타난다. 이는 자연스럽게 커지는 변동성을 동반할 수밖에 없고 이에 제대로 대처하지 못하는 투자자는 당연히 뇌동매매(줏대 없이 남의 의견을 따라 물건을 사고파는 짓)를 하며 손실이 커질 수밖에 없다. 시세만 좇다 보니 차트에 의존할 수밖에 없고, 해당 테마와 기업에 대한 이해가 부족하다 보니 매매에 확신이 떨어져 나타나는 결과이다. 특히 유동성이 커진 시장에서는 이런 쏠림과 변동성이 더욱 크게 발생하는데 이를 좀 더 냉철하게 접근할 수 있느냐가 테마주 대응의 핵심이다.

테마주도 활용하는 나는 하이브리드 투자자

사회 현상이 발생하고 이에 수혜를 입는 종목군 중심으로 주가가 급등한 이후 당연히 차익 매도세가 이어지겠지만 그 이후에는 실질적인 기업 가치의 영향에 따라 주가는 변한다. 해당 현상으로 기업 가치의 급격한 상승이 이끌어진다면 [도표 101]의 1번과 같은 변화가 기대되겠지만 기업 가치 대비 과도한 주가의 상승이었다면 2번과 같은 더 급격한 조정을 보인 이후 결국 기존 기업 가치에 수렴할 가능성이 크다. 따라서 초기 테마에 열광하며 비싼 주가에 열의를 보이기보다는 이를 어느 정도 따져본 뒤 1번 패턴의 가능성이 클 때 주가 조정을 노리며 대응하는 것이 가장 좋은 전략이다.

특히 테마주는 종목군이라는 특징을 볼 때 다 같은 테마라고 해도 기업 내용에 따라 수혜 강도나 주가 상승세에 차이가 난다. 가장 주가

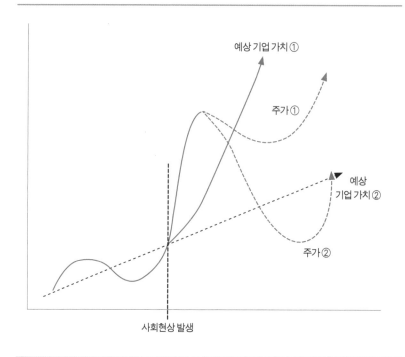

상승이 강하고 조정을 덜 받으며 시세를 주도하는 종목을 주도주라고 표현하는데 테마 초기에는 상대적으로 펀더멘탈보다는 저가 종목이 이를 차지하는 경우가 많다. 하지만 진정한 테마의 흐름이 기업 가치의 변화를 이끈다면 2차 상승에서는 그보다 더 펀더멘탈이 강하고 변화의 주체가 될 수 있는 종목이 주도주의 바통을 넘겨받는다. 따라서 테마에 동참하겠다는 판단이 선 후에도 주도주에 대한 고민을 같이 병행하며 시장의 흐름을 확인하는 게 좋다.

가장 안 좋은 시나리오는 잘 아는 것처럼 실체가 없는 테마의 움직임이다. 선거의 계절에 찾아오는 정치 인맥 테마주, 지정학적 리스크에 들썩이는 방위산업주가 한 예일 것이다. 이는 [도표 101]에서 표시하기 힘들 정도로 기업 가치에 직접적인 영향을 주기 어렵다. 이와 같은 테마는 움직인다고 해도 무엇보다 주의가 필요할 수밖에 없다.

결론적으로 테마주란 어감이 급등주라는 표현으로 대체되어 시장에 쓰이는 현실을 경계해야 한다. 물론 일봉·분봉을 보며 매일 다른 테마를 좇아 빠른 매매를 하고 하루에도 수십 번 사고파는 트레이더가 수익이 많이 나는 것처럼 보일 수 있다. 하지만 소수의 감각적인 본능을 가진 투자자를 제외하면 이는 일반적인 투자자의 몫이 아니라고 본다. 하지만 변화된 환경이 기업 가치를 이끌 만한 충분한 요소가 있다고 판단되면 여기에 동참해 시세를 즐기는 게 좋다. 강조했지만 이는 테마주 매매 추종자가 아니라 기업에 대한 이해도가 높은 '하이브리드 가치투자자'의 시각이라고 본다.

Q3

차트 분석은
주식투자에 필수적인 기술인가?

 톰 의견 매매 시점을 잡는 데 도움을 준다

차트에 대해서는 그리고 이를 보고 투자해야 하는가에 대해서는 투자자들의 생각이 다 다를 수 있다. 차트를 전적으로 선호하는 투자자가 있는가 하면, 가치에 중점을 둔 나머지 극단적으로 차트를 보지 않는 투자자들도 의외로 상당수 존재한다.

그런데 주식을 분석하는 방법은 크게 '기본적 분석'과 '기술적 분석' 두 가지로 나누게 된다. 물론 이외에도 여러 분석 방식들이 있지만 크게 이 두 가지 방식을 기반으로 한다고 보면 무리가 없다.

도표 102. 기본적 분석 vs. 기술적 분석

구분	내용	투자 근거	손절매
기본적 분석	기업의 결산 자료 등을 바탕으로 투자자가 평가한 가치 중심의 분석	기업의 가치(회계 자료)는 주가와 궁극적으로 만난다	손절매 시점이 다소 커질 수 있다. 회계 자료 등의 변화를 보고 손절매를 하면, 주가가 이미 상당히 하락한 경우가 많기 때문이다.
기술적 분석	과거 주가 움직임을 바탕으로 미래에도 동일한 움직임을 보일 것이라는 믿음에서 출발한 분석	역사는 반복된다	주가가 투자자의 생각과 다른 움직임을 보일 때 빠른 손절매를 시행해야 한다. 이때 휩소(whipsaw, 속임수)를 생각해서 손절매를 주저해서는 절대 안 된다. 항상 원칙을 세우고 그대로 실천해야 한다.

이 중에 주가가 그동안 움직인 상황을 종합적으로 나타낸 차트를 사용하는 기술적 분석은 투자자들에게 많은 투자 아이디어를 제공한다고 생각한다. 현명한 투자자라면 이러한 '도구'를 버리지 않고 잘 사용할 필요가 있다.

투자자는 매매하는 데 있어 수익을 낼 확률이 높은 적절한 시점을 아는 것이 중요하다. 개인투자자들은 한정된 자원(시간과 자금)을 가지고 투자하게 되므로, 펀드매니저와 같은 방식으로 투자해서는 안 된다고 앞에서도 언급했다. 펀드매니저과 개인투자자는 각기 다른 방식으로 수익률 싸움을 해야 한다.

좋은 기업이라고 무조건 사서 주가가 오르기를 기다리는 것은 개인투자자에게는 결코 쉽지 않고 현실적이지도 않은 투자법이라고 생각한다. 보통의 투자자가 매수 후 그 결과를 마냥 기다린다는 것이 말처럼 쉽지 않다.

윌리엄 오닐의 투자 방식: 가치 + 적절한 시점의 차트를 접목하는 투자

윌리엄 오닐은 그의 명저 《최고의 주식 최적의 타이밍》에서 주식투자의 몇 가지 원칙을 깔끔하게 정리했다. 그는 이를 'CAN SLIM'으로 표현했다.

CAN SLIM은 먼저 재무제표를 통해 기업의 이익이 증가하는 것을 확인하고, 이를 바탕으로 상승하는 기업의 주가가 일정한 패턴을 보일 때, 그리고 수급 등 상황 또한 맞을 때 주가가 추가적으로 크게 상승하게 된다는 것을 잘 설명하고 있다.

도표 103. 오닐의 컵 그래프

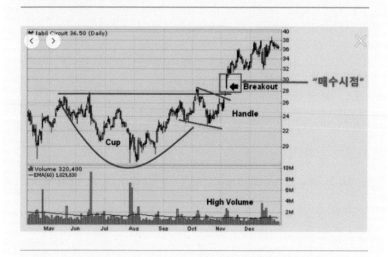

윌리엄 오닐은 매매 시점을 잡을 때 수급과 차트를 동시에 이용했다. 그는 가장 먼저 이익이 증가하는 기업에 한정해서 투자해야 한다고 강조하며 이를 재무제표에서 확인하라고 했다.

즉 기본적 분석을 바탕으로 종목을 선정하고, 이를 매매하기 위해서는 기술적 분석을 사용했다. 이를 달리 표현하면 여러 감나무 중 하나에서 무작정 감이 떨어지기를 기다리는 것이 아니라, 좋은 감나무를 선정하고, 잘 익은 감이 떨어질 시점의 유형을 파악한 뒤, 해당 시점에서 입을 벌려야 한다는 점을 강조한 것이다. 이는 개인투자자들이 한정된 시간과 자금을 가지고 매매하는 데 있어 매우 유용하게 사용할 수 있는 팁이라 할 수 있다.

한편 오닐은 기술적 분석에서 독특한 매매 형태를 발견했다. 이를 오닐은 소위 '오닐의 컵'이라고 했는데, 오닐은 기업 가치가 일정 기간 증가하면서 주가가 크게 상승한 주식을 역추적해 보니, 잠시 찻잔(cup) 모양을 형성하고 이후에 크게 상승했다는 것이다. 주의할 점은 차트상 오닐의 컵의 전제 조건은 기업 이익의 증가가 있어야 하고, 또한 상승 추세에서만 적용된다는 점이다.

이러한 점을 도와주는 도구는 차트뿐이라고 생각한다. 적절한 매매 시점(매수, 매도)을 차트가 해결해줄 수 있다고 보는 것이다. 하지만 차트만 보는 것은 그다지 권하지 않는다. 차트 분석은 윌리엄 오닐과 같이 기본적 분석을 실시한 이후에 시행해야 한다고 생각한다.

투자는 자신에게 유리한 것들을 모아서 시행할 때 가장 빛을 발휘할 수 있다. 그렇다고 수많은 차트와 차트상의 도구를 이용하는 것은 권하지 않는다. 차트는 주 차트인 봉과 이동평균선, 거래량 정도만 사용해도 무방하다. 많은 차트와 도구를 사용하게 되면 각자 신호가 달라서 혼란만 가중되기 때문이다. 즉 심플하게 보자는 것이다.

제리 의견 **기술적 분석이 매매 결정 시 차지하는 비중 30%**

예전 주식 관련 강연회에서 느꼈던 일이다. 나는 한참 기업의 업황, 수익 구조, 향후 성장성을 설명하고 있었다. 그런데 강연회장 분위기를 보니 대부분의 투자자가 스마트폰을 꺼내 해당 기업의 차트를 보고 있었다. 물론 나쁘다고 할 수는 없다. 하지만 생소한 기업에 대한 첫 접근이 '차트'라는 데 대해 아쉬움이 남을 뿐이었다. 어느덧 차트, 그리고 기술적 분석이 주식투자의 대부분을 차지하는 것 같아 씁쓸한 생각이 든다. "차트가 이뻐서", "외국인과 기관이 많이 사서" 이 종목은 매수해야 한다든가, 반대로 "차트가 망가져서", "외국인과 기관이 파니까" 수급이 안정될 때까지는 주가가 못 간다는 분석이 주를 이룬 것 같아서 아쉬울 뿐이다. 쉽게 보이는 것 그대로 시장 상황이 이어진다면 주식투자에 어려움이 있겠는가? 주식투자에 접근하는 아이디어를 먼저 큰 그림에서 점검해보자.

시간 개념 정립

우리가 보통 이야기하는 '시간' 개념에 대한 재정립이 필요하다. 주식투자자는 시간 개념을 다르게 해석해야 한다. 일반적으로 시간은 과거-현재-미래의 순서로 이어진다. 누구나 다 아는 당연한 개념이다. 하지만 주식투자에서는 이를 뛰어넘는 개념이 필요하다.

단적인 예로 우리가 "지금"이라고 말한다고 해보자. "지금"이라고 말하는 순간, 발성을 통해 입으로 이야기하고 상대방이 '지금'이라는 단어를 듣고 인식하는 순간, '지금'은 벌써 과거의 이야기로 넘어가게 된다. 되돌릴 수도 없는, 이미 발생한 사실이고 그 짧은 순간 방금 한 말은 지나간 과거가 될 뿐이다. 불교의 용어로 '찰나(刹那)'라고도 한다. 지나가는 '매우 짧은 시간'이다. 복잡하게 이야기했지만, 핵심은 투자자에게 현재의 찰나는 큰 고려 대상이 아니라는 점이다. 빠르게 지나가는 현재의 무수한 시점들을 뒤로하고 그 현재가 쌓인 과거의 데이터를 기반으로 변화가 될 미래에 초점을 맞춰야 한다. 모든 투자는 가치가 앞으로 어떻게 변하느냐가 가장 큰 핵심이다.

그렇기에 현재 보이는 데이터와 주가만을 바탕으로 투자 결정을 해서 미래를 예측하는 데는 한계가 있다. 특히 대부분의 차트나 기술적 분석이 그렇듯이 과거 데이터를 통해 이어진 주가의 패턴으로 높은 개연성을 보이는 변화가 앞으로의 주가를 만들어간다. 좀 더 다양화되고 시시각각으로 변하는 고도화된 사회일수록 더욱 복잡한 결과가 얽히

과거		미래
빠르게 지나간 현재의 데이터	▶	과거의 데이터로 앞으로 얼마나 바뀔 것인가

고설켜 미래에 나타날 가능성이 크다. 단순화하기 좋고 설명하기 쉽다는 이유로 차트로 설명하지만 그 이상을 얻기엔 부족할 수밖에 없다. 따라서 정형화된 툴에 따른 분석보다는 오히려 더 넓은 시각에서 다양한 상상과 생각을 통해 미래의 변화에 대해 고민하는 것이 훨씬 더 효율적이라고 생각한다. 그렇게 한다면 차트를 벗어나 다음과 같은 시각의 변화를 가져올 수 있다.

- 현재의 경제 상황과 경제 지표 vs. 앞으로 변화될 경제 상황
- 현재의 기업 실적 vs. 앞으로 개선 또는 악화될 기업 실적
- 현재 기업의 주가와 호가 창의 가격 변화 vs. 1개월 뒤, 1년 후의 주가
- 현재 주가의 패턴(기술적 분석) vs. 앞으로의 주가 패턴

첫째, 주가는 현재의 경제 상황보다 앞으로 변화될 미래에 초점을 맞춘다. 현재의 경제 상황에 초점을 맞춘다면 심각한 충격을 받았던 2008년 금융위기나 코로나19 이후의 시장 국면에 전혀 대응하지 못했을 것이다. 기술적 분석으로도 그 이후 시장의 큰 폭의 상승을 설명하

지 못했다. 오히려 벌어진 사태를 정부나 기업이 앞으로 어떻게 대응하고 받아들일 것인가라는 변화에 초점을 맞추었던 투자자가 훨씬 더 대응을 잘할 수 있었다고 본다. 차트에 피보나치 수열을 입력하고 기술적인 선을 긋는 것보다 본질적인 생각의 틀을 넓혀가는 것이 때로는 더욱 도움이 된다고 생각한다.

기술적 분석에 주력하는 투자자들은 2021년 초 2800선이 넘어가면서 시장의 하락을 강력하게 예견했다. 장기 추세의 저항, 장기 이격도의 과열 등 많은 기술적 분석의 근거로 하락을 주장했다. 적극적으로 주가 하락 시 수익이 나는 액션에 돌입했다면 결과는 시장은 괜찮은데 손해가 발생할 수밖에 없는 역설이 나타난다. 물론 삼성전자 등 시가총액 상위 종목의 과열은 이어졌어도 그 바통을 이어받는 여타 시가총액 상위주(카카오, 네이버 등)의 약진이 시장의 성격을 변화시킨 것이다.

기술적 분석보다는 시장의 큰 변화와 시장을 주도하는 섹터 및 종목에 더 집중해야 하는 이유도 여기에 있다.

둘째, 주가는 기업의 현재 실적보다는 앞으로의 실적에 더 관심이 많다. 지금 현재 기업이 호황 국면이고 실적도 꾸준한 데다가 실적 대비 주가도 저평가이다. 차트 분석을 통해서도 5% 정도 내려가면 강력한 지지권으로 보인다. 하지만 주가는 슬금슬금 내려가며 맥을 못 추는 경우도 있다. 여러 요인이 있겠지만 주가는 현재 호황보다 6개월 뒤 업황이 둔화되어 실적이 지금 같지 않으리란 불확실성을 반영하고 있다고 봐야 한다. 기술적 분석보다 산업 및 기업에 대한 이해도가 더욱 중요한 국면일 수 있다.

셋째, 현재 보유한 종목의 주가와 현재 보이는 호가보다 미래의 주가에 대한 집중이 우선되어야 한다. 보통 주식에 투자하면서 매매를 하기 위해 호가 창을 보게 된다. 요즘 시장이 불안정해 보여 보유한 기업은 괜찮나 싶어 [도표 107]과 같은 호가 창을 본다면 어떤 생각이 들까?

한눈에 봐도 매도는 쌓였는데 매수는 취약하다. 이 매도호가에서 1000주만 정정해서 시장가로 나와 버리면 주가가 흔들릴 것만 같다. 게다가 가뜩이나 2차 전지 제조 업체의 주가도 신통치 않고 해외 글로벌 전기차 업체들도 배터리 내재화를 한다며 부정적 이슈가 많은 상황이었다. 주가 또한 빠르게 하락한 뒤 서서히 회복하지만 직전 고점 이상으로 올라오기엔 만만치 않아 보인다. 당시 기류와 함께 이런 호가 창을 보는 순간에 팔고 싶은 유혹을 담담히 떨쳐냈다면 당신은 뛰어난 투자자일 수 있다. 결론적으로 이야기하자면 이는 2020년 11월 중 어

자료: 메리츠증권HTS

느 날의 에코프로비엠 호가 창이다. 1년도 채 되지 않은 2021년 8월 초 현재 기준의 가격을 보면 당시보다 3배 가까이 올랐다. 이는 호가 창이나 기술적 분석에서 확인할 수 없는 기업의 미래 가치에 대한 인식이 훨씬 더 중요한 결과를 가져올 수 있다는 방증이다.

마지막으로, 현재 주가의 패턴과 그를 대하는 투자자의 마인드이다. 흔히들 HTS의 차트를 보면서 소위 '그림을 그려나간다'라고 하는 작업을 한다. 과거의 주가 데이터와 패턴을 살피며 수치화하고 기존의 비슷한 유사성(패턴)을 생각하며 전략을 짜는 것이다. 하지만 결론적으로 과거의 데이터와 패턴이 현재 주가가 앞으로 어떻게 변화할지에 대해 힌트를 주는 데 결정적인 역할을 하지 않는다.

[도표 108]이 현재 눈여겨보고 있는 종목의 주가라고 하자. 현재 시점은 기존 저항대를 돌파하지 못하고 살짝 주춤한 상태다. 지금까지 이

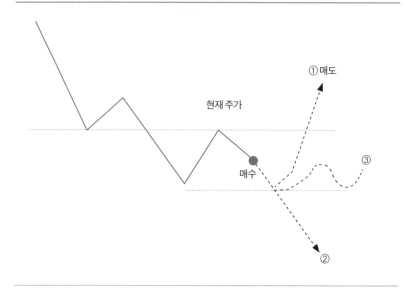

종목의 지난 패턴을 확인한 결과 고점에서 세 번의 하락 마디를 보인 이후 기다리면 다시 전고점을 돌파하는 패턴을 많이 보여주었기 때문에 ①의 패턴을 예상하고 매수 시점과 다음 목표가를 산정하며 매수에 들어간다. 대부분의 투자 의사 결정은 기술적 분석에서 나왔다. 하지만 주가에 미칠 다양한 변수를 단지 과거 주가의 패턴과 현재가의 위치에만 한정해서 본 치명적 실수가 있다. 시장 상황과 기업의 단기 실적, 기업에 영향을 미칠 뉴스 및 수급 등 다양한 변수가 미래 주가에 영향을 미치는 부분은 크게 신경 쓰지 않은 결과는 맹목적인 ① 패턴의 잘못된 신뢰로만 굳어질 수 있다. 그 결과 ②, ③과 같은 주가의 움직임이 나왔을 경우 다시 차트를 펼쳐 오류를 찾아야 할까?

미래 주가의 다양성을 고려할 때 우리가 알고 있는 기술적 분석은 의외로 초라할 수 있다. 최첨단 미사일과 드론으로 상대를 제압하는 현대전에서 중세 시대 무기인 칼과 방패로 전쟁 준비를 할 수는 없는 일이다. 결국 미래 주가를 움직일 변수들을 다양한 시각에서 봐야 하고 그 중심에는 기업에 대한 충분한 관찰이 먼저 있어야 한다는 사실을 다시 강조하고 싶다.

내조의 여왕, 차트

개인적으로는 투자 결정에 차트와 기술적 분석이 미치는 영향은 30% 정도가 최대치라고 생각한다. 그보다는 첫째도 둘째도 투자하려는 기업에 대한 꾸준한 관심이다. 이것이 먼저이다. 그렇다고 해서 차트 공부가 의미 없다고 생각하지는 않는다. 다만 차트의 역할은 주가 분석용이 아닌 충실한 보조자로 한정 짓고 싶다. 즉 매수와 매도를 결정할 때 가장 효율적으로 접근할 수 있는 자리를 찾는 정도가 가장 좋다고 본다. 저점과 고점을 맞추기 위한 용도가 아니다. 맞추게 되면 기분은 좋을 수 있어도 다음번에도 맞추리란 보장은 없다. 운에 가까운 일이다. 따라서 이 정도면 충분히 저점에 살 수 있는 가격이라는 흐름과 이 정도면 비교적 고가에 수익을 실현할 수 있는 자리라는 정도를 확인하는 용으로 보는 게 가장 이상적이리라 본다.

이는 욕심과도 관련된 부분일 수 있다. 이왕이면 더 싸게 사고 더 비싸게 팔아야 수익이 커지는 것은 맞다. 팔았더니 더 올라가는 주가를 보거나 싸게 샀다고 생각했는데 주가가 더 하락하면 속 쓰린 건 당연하다. 하지만 이를 완벽히 파악할 수 있는 기술적 분석이 존재하지 않는 이상 '최대한'이란 단어를 '충분히'란 말로 바꾸는 것이 좋다. 애지중지하며 끌어왔던 종목을 이 정도면 충분히 수익을 냈고 내 기준의 목표가에 도달했다고 판단하면 액션을 취하고 다음 타깃을 찾는 투자 마인드가 훨씬 더 여유로울 수 있다. 수익의 뿌듯함 외에 나의 주식투자력이 +1 상승했다는 자신감은 덤이다.

단기투자에서는 조금 더 차트의 영향력을 높일 필요가 있다. 시세에 중점을 두고 빠른 성과를 달성하기 위한 수단인 만큼 더 유연한 대응을 위해서는 분봉까지도 확인해가며 집중력을 보이는 전략이 효과적이다. 하지만 다양한 기술적 지표인 일목균형표, 스톡캐스틱, RSI 등 복잡한 지표를 한 화면에 놓고 시세를 지켜보기보다는 저항과 지지를 중심으로 거래량의 변화를 확인하는 것만으로도 충분한 성과를 낼 수 있다. 증권사 후배나 투자자들이 기술적 분석을 공부하는데 어떻게 해야 하느냐고 물을 때 위와 같은 내용을 이야기하면 실망하고는 한다. 하지만 단순한 것이 때론 가장 확실한 해답이다. 해답에 가깝지 않은 기술적 분석에 시간을 할애하는 것보다 관심 있는 종목의 사업 보고서와 증권사 리포트를 확인하는 것이 훨씬 더 유익한 방법이라고 믿는다.

Q4

손실 중에 있는 종목,
물타기를 해야 하나? 손절매를 해야 하나?

 톰 의견 손절, 손절, 그리고 또 손절

이야기를 본격적으로 시작하기 전에 물타기와 손절매의 정의를 먼저 정확히 아는 것이 중요하다. 둘의 차이점을 정확히 알아야 어느 때 무엇을 사용하는지 알 수 있기 때문이다.

성공한 투자자들의 저서를 보면 '물타기'라는 말을 찾을 수가 없었다 (아직 찾지 못했다가 아니다!). 반면 손절매를 권하는 경우는 많이 봤다. 이를 통해서 보면 주식투자로 돈을 벌기 위해서는 물타기를 하면 안 된다는 결론을 내릴 수 있다. 그러나 성급한 결론은 경계하자.

물타기

주식을 매수한 이후 주가가 하락할 때 추가로 주식을 매수하여 매입 단가를 낮추는 행위이다.

1000원 × 10주 매수
900원 × 10주 매수
950원 × 10주 매수

이는 투자자에게 심리적으로 매우 안정적인 느낌을 준다. 평균단가가 낮아져서 주가가 조금만 올라도 손해를 보지 않고 주식에서 빠져나올 수 있다는 생각을 주기 때문이다.

도표 109. 물타기

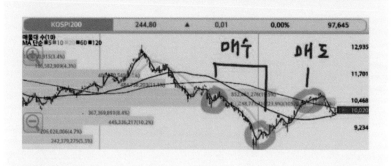

손절매

주가 움직임이 투자자의 생각과 다르게 움직일 경우 포지션을 과감하게 정리하는 것을 말한다.

1000원 × 10주 매수
950원 × 10주 매도

이는 계획보다 먼저 투자를 종결짓는 행위로 필연적으로 손실이 발생한다. 손실은 투자자로 하여금 회피하고자 하는 생각을 자연스럽게 들게 하기에 이를 훈련하지 않으면 생각처럼 쉽게 손절매를 하지 못한다. (구체적인 손절매 방식은 뒤에서 다룬다.)

도표 110. 손절

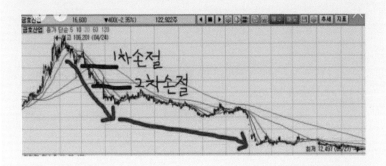

[피라미딩]

주식을 매수한 이후에 주가가 투자자의 생각과 같이 상승하는 움직임을 나타낼 때 추가로 자금을 투입하여 주식을 매수하는 방식으로 이는 많은 투자의 대가들이 권하고 있는 방식이다. 여기서 중요한 포인트는 주가와 크게 상관없이 주식을 계속 매수해야 한다는 것이다. 피라미딩 방식을 택한 투자자는 주가 상승으로 자신의 판단이 옳았다는 것이 증명되는 것임에 따라 기분 좋게(?) 매수를 늘려가면 된다.

1000원 × 10주 매수
1050원 × 10주 매수
1200원 × 10주 매수

하지만 심리적 현실은 그렇지 않다. 주식을 싸게 살 기회를 놓쳤다는 생각과 더불어 평균 매수 단가가 올라감에 따라서 투자자는 다소 괴로운 생각(?)에 빠지게 된다. 이는 투자자의 강한 심리적 저항감을 불러일으키게 된다. 하지만 투자의 대가들이 권하는 확실한 투자법이라는 점에서 연습과 노력을 많이 하는 것이 좋다.

도표 111. 피라미딩 전략

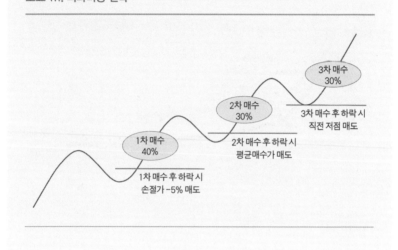

위대한 투자자 중에는 손절매를 향후 투자에 대한 '보험'이라고 규정하는 경우가 특히 많다. 우리가 보험을 드는 이유는 미래의 불확실한 위험에 대한 대비 때문이 아닌가?

그렇다고 투자자가 물타기를 전혀 해서는 안 될까? 나는 물타기는 사전에 계획된 경우에 한해서만 가능하다고 생각한다. 비계획적인 물타기는 적극 반대한다.

한편 투자자는 왜 피라미딩을 해야 할까? 이는 매매가 올바로 진행되고 있다고 확신할 수 있기 때문이다. 따라서 투자자는 강한 확신으로 투자를 계속 이어가면 된다.

물론 처음부터 심리에 반하는 피라미딩을 하기란 쉽지 않다. 그래서 모의 매매 등을 통해서 연습하는 것이 좋다. 실전에서 실행하기 어려운 것을 연습하도록 증권사에서 만들어놓은 것이 모의 매매 툴이다.

그럼 여기서 손절매에 대해 알아보자. 투자자가 손절매를 한다는 것은 자신의 매매가 잘못됐음을 인식했다는 것이다. 이때 대부분 계좌에 이미 손실이 발생하게 된다.

그렇다면 투자자는 매수 후 어느 정도 손실이 발생했을 때 손절매를 시행해야 할까? 통상 많은 투자자가 종목 매수 후 약 10%의 손실이 발생했을 때 손절매를 해야 한다고 알고 있다. 하지만 이는 실전에서 현

모의 매매

대부분의 증권사는 HTS, MTS 등에서 모의 매매 툴을 제공하고 있다. 하지만 홍보를 적극적으로 하지 않아 많은 투자자가 이러한 것을 잘 모르고 있다(비용이 들어가서일까?).

우리는 프로 운동선수가 되기 위해서는 훈련을 받아야 한다. 주식투자도 마찬가지이다. 많은 훈련이 필요한 분야 중 하나이다. 그러한 것들을 모의 투자를 통해 일정 부분 배울 수 있다.

또한 초보자가 아니더라도 지금 매매가 잘되지 않는다면, 매매를 일단 멈추고 모의 투자부터 다시 하기를 권한다. 많은 프로 선수들도 그렇게 하지 않는가?

모의 매매는 소중한 자금을 잃지 않으면서도 투자 실력을 키워주는 훌륭한 역할을 하게 된다. (문의: 거래 증권사 콜센터)

실성이 떨어지는 매우 잘못된 인식임을 알아야 한다. 약 10%씩 서너 번만 손절매를 해도 원금은 거의 50%가 줄어들고, 그러면 약 100%라는 달성 가능성이 낮은 수익률을 내야만 겨우 원금을 회복할 수 있게 된다.

100만 원 → 50만 원(–50%) → 100만 원(+100%)

'종목당 마이너스 10% 손절매 원칙'은 실전에 들어가면 너무도 막연하다는 생각을 하게 된다. 매수 대비 10%가 빠지면 잘못을 인정하라는 의미 외에는 어떠한 논리적인 설명도 되지 않기 때문이다(시장은 나의 매수 가격은 신경 쓰지 않는다는 점을 알아야 한다). 따라서 단순한 것은 상관없지만, 자신 나름의 논리(절대 가격이나 차트, 퍼센트 등)를 바탕으로 손절매를 시행해야 한다.

손절매는 절대적이고 논리적으로 설명 가능한 상황에서 시행되어야 한다. 그래야 그 논리를 수정해가면서 투자자 자신에게 적합한 매매 방식을 만들어갈 수 있기 때문이다. 그저 그때그때 '투자자의 감'으로 손절매를 하면 매번 원칙 없이 동일한 고민만 하게 될 수밖에 없다. 논리적인 손절매 시점을 잡는다는 것은 언제라도 동일한 조건(상황)이 오면 손절매를 한다는 것으로 이해하면 된다.

그렇다면 어떻게 논리적인 손절매 시점을 잡아가면 될까? 그 구체적인 상황을 고려해보도록 하자.

가치 중심의 손절매

가치투자자들에게 해당한다. 일부 가치투자자는 손절매를 하지 않는다고 하는데, 나는 이는 매우 잘못된 생각이라고 자신 있게 말할 수 있다. 왜냐면 가치투자를 한다고 해서 해당 기업의 가치가 절대적으로 변화하지 않는다고는 어느 누구도 보장할 수 없기 때문이다.

가치투자자의 손절매는 극단적으로 해당 기업의 가치, 즉 투자자가 바라보고 매매에 들어간 상황이 변화하면 해야 한다. 이 경우 투자자는 매우 큰 폭의 손절매를 감당해야 하는 경우가 발생하기도 한다.

통상 가치투자자의 손절매는 그 손실 폭이 매우 크다. 구체적으로 가치가 훼손된 것이 확인되는 시점에는 이미 주가가 큰 폭으로 하락한 경우가 대부분이기 때문이다.

차트 중심의 손절매

많은 투자자가 실제 매매에서 사용하는 방식으로 주가의 흐름을 보고 상황에 맞춰 손절매하는 방식을 말한다. 일반적인 방법이라고 할 수 있다.

차트는 앞서 언급한 바와 같이 투자자의 생각처럼 움직일 확률이 약 30%밖에 되지 않는다. 따라서 그 외의 경우에 손절매를 시행해야 한다. 이 경우는 상대적으로 적은 금액의 손절매가 가능해진다. 이동평균선 이탈, 추세선 이탈 등 다양한 방법의 적용이 가능하다.

계좌 관리 중심의 손절매

이는 의외로 많은 투자자가 잘 알지 못하는 방식이다. 손절매를 자금 관리와 연계하면 포트폴리오 전략도 자연스럽게 이뤄지는데, 이에 대해 연구하는 투자자는 많지 않다.

계좌 중심의 손절매는 종목별로 손실 한도를 두는 것이 아니고 계좌 총액 대비 손실 한도를 규정하는 것을 말한다.

예를 들어 삼성전자, 현대차 두 종목을 보유한 투자자가 각각 10%씩 손절매 구간을 설정하는 것이 아니라, 총 계좌의 10%를 손절매 구간으로 설정했다면, 원금 1000만 원에서 삼성전자 보유 비중 30%, 현대차 보유 비중 70%로 가정했을 때, 삼성전자의 손실 한도는, 현대차 주가의 변동이 없다면 약 30%까지 가능해진다(300만 원 × 30% = 90만 원 : 총 계좌 손실도 1000만 원 × 10% = 100만 원).

이렇듯 손절매는 각각 투자자가 어디에 중점을 두고 투자하는가에 따라서 달라진다. 이러한 방법을 익히고 나면 매매할 때마다 매번 고민하지 않고 적절하게 손절매 시점을 수정해가면서 자신에게 맞는 손절매 시점의 원칙을 만들어갈 수 있게 될 것이다.

기계적인 손절의 위험성

보통 주식투자의 노하우를 알려주는 많은 책에서 빠지지 않고 나오는 대표적인 조언이 "손절매는 꼭 해야 한다", "자신만의 손절매 기준을 가지고 시장에 대응해야 발생할 수 있는 큰 손해를 줄인다" 등이다. 또한 증권 방송에서도 관심주나 특징주를 설명할 때 가격 전략에서 빠지지 않고 등장하는 단어가 '매수가, 목표가, 손절가'이다. 물론 방송의

도표 112. 2020년 8월~11월 에코프로비엠 일봉

자료: 메리츠증권HTS

특성상 시청자가 참고해서 주식 매수를 했는데 손해가 커지지 않도록 일정 부분 위험 관리 장치를 언급하는 것은 이해할 수 있다. 또한 나의 판단이 시장 상황과 맞지 않을 때 이를 인정하고, 포지션을 정리한 후 다시 전략을 세우는 방향은 투자 심리 측면에서 도움이 될 수 있다. 하지만 이와 같이 '일보 전진을 위한 이보 후퇴를 위해 반드시 원칙은 지킨다'는 신념으로 기계적인 손절매로 대응하는 전략이 실제 매매에 큰 도움이 될까?

[도표 112]를 보며 앞서 살펴본 에코프로비엠의 변화로 다시 한번 확인해보자. 2차 전지 시장의 확장에 대한 기대에 초점을 맞추고 주도주로 생각되는 이 종목을 (1)의 시점에 15만 원에 매수했다. 많은 조언에 따라 나는 -10%는 절대 용인하지 않겠다는 투자 원칙을 세우고 매수했다면 이틀 뒤의 급한 하락에 원칙에 따른 손절매로 대응할 수밖에 없다. 다시 기회를 노리기로 마음먹고 직전 저점대를 테스트하는 구간 (2)에 다시 재매수를 했다. 하지만 결과는 다시 하락하며 추가 손절매로 대응할 수밖에 없는 상황으로 몰린다. 원칙에 따라 행동했다고는 하지만 두 달도 안 되어 20%의 손실을 확정 짓고 다시 재매수의 기회를 노릴 수 있을까? 아마 이와 같은 상황에 몰린 투자자는 오히려 2차 전지 시장에 대한 회의와 함께 다시는 관련주를 사지 않을지도 모른다. 그리고 몇 달 뒤 시장에서 강한 추세적인 움직임이 나오고 나서야 '그때 좀 더 독하게 마음먹고 갖고 있었어야 했는데' 하는 후회로 손절매의 원칙을 다시 고민할지도 모른다. '나는 시장의 불안함을 못 견디니 손절의 기준을 -5%로 정할 거야' 혹은 '나는 멘탈이 강한 편이니까 손

절의 기준을 -20%로 정하겠어'라고 하는 기계적인 손절, 그리고 그 원칙을 따라야 하는 강박은 실제 매매에서 오히려 역효과를 내는 경우가 의외로 더 많다.

손절에 대한 새로운 기준

결국은 뻔한 이야기일 수 있지만 손절하지 않을 종목이 핵심이다. 그만큼 충분한 공부와 이해를 바탕으로 종목을 선정하는 일이 중요하다는 사실을 다시 한번 강조하고 싶다. 따라서 기계적으로 내가 정한 손절 기준이 도달했기 때문에 바로 액션으로 대응하는 전략보다는 예상과 달리 주가가 하락했을 때 시장과 내 투자 아이디어에 대한 전반적인 통찰이 선행되어야 한다. 즉 시장의 분위기로 인해 같이 하락한 상황인지, 관련 섹터 업황의 악재인지, 보유한 종목의 개별적인 악재인지를 먼저 확인해야 한다. 그 이후 처음 생각했던 투자 아이디어가 크게 훼손되지 않는다면 이때는 오히려 주가 하락이 손절이 아닌 비중 확대의 기회가 된다. 앞으로 기회가 더 많다고 보는 종목의 주가가 싸졌다면 오히려 기뻐하고 더 살 기회로 활용하는 마인드가 필요할 듯하다.

여기서 수급 상황과 기술적 분석에 의해 더 하락할 것 같은 상황은 철저히 배제해야 한다. 언제든지 상황이 바뀌면 변할 수 있는 지표를 투자 판단의 중요한 근거로 삼지 않았으면 좋겠다. 따라서 주가가 하락했다고 당황하고 허둥지둥하며 추가 하락에 대해 걱정하기보다는 차분하게 보유한 기업의 변화에 대해 먼저 점검해보고 기업 가치에 대한 훼

손 관점이 아니라면 시세를 이용하는 전략이 훨씬 더 바람직하다. 만일 보유 기업에 대한 업황이나 향후 미래 가치에 대한 부정적인 관측이 높아진다면, 그리고 이로 인해 실적과 기업 가치 하락을 예상하는 판단이 맞다고 생각된다면 조금 늦더라도 그때 손절 대응을 하는 것이 바람직하다고 본다.

앞서 접근했던 단기투자와 장기투자의 관점에서는 손절의 의미가 다를 수 있다. 단기투자에서의 대응은 시장 트렌드에 맞는 종목과 시세의 빠른 반영이 핵심이기에 예상하는 움직임이 나타나지 않는다면 빠른 손절 대응이 나을 수 있다. 이때도 기계적인 '몇 % 손절' 기준이 아니라 생각하는 기술적 지표의 지지권이 거래 증가와 함께 이탈했을 때(개인적으로는 단기투자 시 60분봉에서의 60분이동평균선 이탈) 등의 활용이 좋다. 이는 또다시 찾아올 수 있는 다른 섹터와 종목의 매매 기회를 위해서라도 빠른 상황 판단이 도움이 될 수 있다. 반대로 장기투자의 관점에서는 나의 투자 아이디어가 여전히 확고하다면 손절보다는 비중 확대의 기회로 보는 것이 향후 훨씬 더 빛을 발할 수 있다.

Q5

개인투자자는
정말 주식투자로 성공할 수 있는가?

 톰 의견 올바른 공부를 열심히 하자

결론부터 이야기하면 개인투자자로서 성공은, 외부적인 요인(강세장)에 의해서가 아니라 내부적인 요인, 즉 스스로의 노력 여하에 달려 있다고 말할 수 있다. 투자자가 올바르게 꾸준히 노력하면 주식투자에서 성공할 가능성이 커지지만, 만약 반대로 다양한 핑계(?)로 노력하지 않는다면 성공 가능성은 작아진다고 단호히 말할 수 있다. 주식투자에 있어 한두 번의 성공은 노력과는 무관할 수 있지만, (일반적인 주식투자의 목적처럼) 장기간 꾸준히 성공하기 위해서는 정당한 노력이 반드시 뒤따

터틀 트레이딩

《터틀 트레이딩》(차영주, 2020, 페이지2북스)은
거북이를 키우듯이 투자자를 키워갈 수 있다
는 명제를 확인하기 위해서 투자자 교육 실험
을 진행한 것을 바탕으로 집필되었다.

만약 주식투자자가 키워질 수 없고(공부한다고
실력이 늘어나지 않고), 타고나야 한다면 주식투
자는 공부할 필요가 없다. 그렇다면 투자에 대
한 모든 명제가 사라질 것이다.

이를 검증하기 위해서 국내에서 실제로 다양
한 연령과 직업을 가진 교육생을 모집하여 약

1년 과정으로 1:1 교육을 하여 교육생들의 발전 과정을 책에 기록했다. 책에
기록한 바와 같이 어려운 교육 과정을 끝까지 견딘 교육생들은 모두 주식시장
에서 꾸준히 수익을 내는 단계로 나아가고 있다.

라야 한다.

이와 관련하여 나는 투자자는 '올바른 노력' 여하에 따라서 얼마든
지 수익률을 키울 수 있다고 이전 책인 《터틀 트레이딩》에서 증명한 바
있다.

그러면 주식투자에 대한 공부는 어느 정도 해야 할까? 주식투자에
서의 성공이 투자자의 노력의 결과물인 것은 알겠지만 혹 '노력을 조금
만 하고 좋은 정보를 얻으면 되지 않을까?' 하는 생각이 들 수도 있다.

안타깝게도 그렇게 주식시장에 접근하려 한다면 주식투자에 대해
재고하기를 강력하게 권고한다. 적당히 노력하면 적당한 수익을 보게

되는 것이 아니라, 투자자의 소중한 자산 대부분을 잃게 될 가능성이 100%에 가깝다고 냉정하게 이야기할 수밖에 없다.

안타깝게도 일부 투자자들이 아직도 주식투자는 단순히 '고급 정보' 싸움이라고 생각하는 경우가 있다. 만약 투자가 그러하다면 투자 때마다 고급 정보를 얻을 수 있어야 장기적으로 주식투자에 성공할 수 있다는 지극히 비상식적인 결론에 도달하게 된다. 하지만 이는 매우 불가능하다는 점 또한 투자자라면 쉽게 알 수 있을 것이다.

투자자가 안정적인 수익을 꾸준히 보기 위해서는 (어쩔 수 없이) 공부를 꾸준히, 열심히 해야 한다. 그런데 주식투자는 접근성이 매우 높다. 누구나 계좌를 개설하고 증거금만 입금하면 주식을 사고팔 수 있다. 그래서 오히려 주식투자는 매우 쉽다고 생각하는 경향이 있는 것 같다. 이러한 투자자들의 편의(?)를 도모하기 위해서 주식투자와 관련된 수많은 소위 '정보'들이 실시간을 타고 투자자 주위를 맴돌고 있다.

다른 한편으로 생각해보자. 고급 정보가 있는 사람이라면 자신이 그러한 정보를 활용하여 돈을 벌면 되지 않을까? 또 이러한 명제가 참이 되려면 주식시장에는 고급 정보를 취급하는 시스템이 갖춰져 있어야만 한다. 그리고 이를 유통시키는 조직(?)도 존재해야 한다. 여기서 질문을 하나 던지겠다. 만약에 여러분이 그 조직의 일원이라면, 돈을 받고 정보를 유통하는 것이 좋을까, 아니면 소위 '큰 빚'을 내서라도 본인이 그 정보를 활용하는 것이 더 좋을까? 이제 이 상황이 보이는가? 이렇듯 정보에 대해서는 지극히 상식적으로 생각하면 된다.

그렇다면 어떠한 노력을 어느 정도 해야 주식시장에서 지속적으로

도표 113. 주식투자를 위한 최소한의 교육 커리큘럼

1단계	투자의 목적 수립	투자자가 왜 주식투자를 하려는지 계획을 세우는 단계이다. 투자자는 먼저 자신이 왜 주식투자를 하는지, 계좌 관리는 어떻게 할 것인지, 목표 수익률은 어느 정도 가져가려고 하는지 등에 대해 계획을 세우는 것이 매우 중요하다.
2단계	자신의 투자 성향 파악	두 번째 단계는 투자자의 성향을 파악하는 것이다. 이는 자신이 실제로 어떠한 투자자인지 들여다보는 것이다. 예를 들어 성격이 다소 급한 투자자가 장기투자를 하기란 쉽지 않다. 모두에게 일률적으로 적용되는 투자법은 존재하지 않는다는 점을 기억해야 한다.
3단계	자금 계획	주식투자에 투입될 자금의 조달 및 운용 계획을 세우는 단계이다. 자금 조달 계획에 따라서 투자자는 다른 움직임을 보여야 한다.
4단계	기본적 분석	기업의 재무제표를 공부하는 단계를 말한다. 이때는 단순히 재무제표 뿐만이 아니라 기업의 공시 보고서도 같이 공부해야 한다.
5단계	기술적 분석	주식의 움직임을 기록한 차트를 공부하는 것이다.
6단계	종목 선별	투자할 종목을 신중하게 선정하는 단계이다. 이때 모든 과정은 투자자가 스스로 해야 한다는 것이다.
7단계	모의 투자	계좌에 실제 자금을 투입하고 매매를 시작하기 전에 사전에 모의 계좌를 통해서 매매를 연습해보는 단계이다. (대부분의 증권사는 모의 매매 툴을 제공하고 있다.)
8단계	매매 일지	매매 일지는 투자자가 매매를 한 전 과정을 상세하게 기록한 것이다. 매매 일지는 투자 일기이다. 따라서 솔직하게 그 내용을 세세하게 적는 것이 중요하다.
9단계	실전 투자	실제 매매를 시작하는 것이다. 이제 실전 투자이다. 그동안 세운 원칙을 잘 준수하면서 매매를 신중하게 시행하는 단계이다.
10단계	심리 관리	정상적인 투자자라면 실전에서 다양한 심리적 변화를 겪게 된다. 이는 매우 중요한 것으로 동일한 사안에서도 투자자의 심리적 요소에 의해서 투자의 성패가 갈리기도 한다.
11단계	경제, 환율, 금리 등	주식시장에 영향을 미치는 다양한 요소들을 배우는 단계이다. 투자자 중 일부는 경제를 초기에 배워야 한다고 알고 있는데, 필자는 그렇게 생각하지 않는다. 경제를 알고 투자를 하는 톱다운 방식도 나쁘지는 않지만, 실전 투자를 익히는 과정을 무한정 가져갈 수 없는 투자자 입장에서는 종목을 먼저 선별하는 능력을 키우는 보텀업 방식의 투자를 익히는 것이 중요하다고 생각한다.

수익을 낼 수 있을까? 이때 중요한 것은 공부한 시간과 실력이 단순히 비례하지는 않는다는 점이다. 사회과학에서도 이런 현상을 보이는 경우가 있기는 하지만, 주식투자처럼 특별히 정해진 커리큘럼이 없는 경우에는 이런 상황이 더욱 두드러진다고 할 수 있다.

여기서 제시한 과정([도표 113])은 투자자들이 익혀야 할 최소한의 공부라고 생각한다. 만약 투자자가 이에 대해 어렵거나 귀찮다고 넘어가서는 완벽한 공부의 틀이 잡히지 않는다.

위에 제시한 커리큘럼에 대해 자세하게 살펴보자. 의외이겠지만, 많은 투자자가 공들여 공부하고 있는 '경제'에 대한 부분은 실제 투자에 있어 영향력이 상대적으로 적다. 오히려 자금 계획이나 심리 관리가 더 중요하게 작용한다. 이는 실전 매매를 해본 투자자라면 당연히 중요하게 느끼게 되는 부분이다. 그 중요성을 어떻게 인식하는가를 보면 투자자의 매매 경험을 알 수 있다고 생각한다. 소위 투자 고수일 경우 이를 매우 중요하게 여긴다.

우리나라 투자자들은 정작 해야 할 공부에 대한 올바른 정보가 없어서 이를 하지 못하는 경우가 있다. 바로 자금과 심리에 대한 공부이다. 투자자의 매매에서 매우 중요하게 다뤄지는 내용임에도 불구하고 투자자들이 매매 초기 단계에 잘 알지 못하는 부분이기도 하다.

정리하면 주식투자로 성공하기 위해서는 그에 맞는 노력이 수반되어야 한다. 그 노력은 시간을 내어서 관련한 올바른 공부를 하는 것이다. 그렇게 되면 성공의 가능성이 커진다고 할 수 있겠다.

제리 의견 당연히 성공할 수 있다. 당신의 열정이 허락한다면

통계로 본 주식시장에서의 성공 가능성

'주식시장에 참여하는 3% 이하만이 꾸준히 수익을 낼 수 있다'라는 통계 결과를 유심히 본 적이 있다. 결국 통계로만 보면 전국 3% 이내로 들어가야 하니 고3 수험생의 서울대 입학만큼이나 어렵다는 결과이다. 돈과 주식 계좌만 있으면 누구나 시작할 수 있을 정도로 쉬워도 주식투자의 최종 목적인 수익을 내기는 쉽지 않다는 통계를 보면 좌절할 수 있다. 하지만 정확히 보면 이 통계의 맹점은 '꾸준히'란 단어와 '명확히 명시되지 않은 기간'이란 점에 있다.

첫째, 통계는 과거 기준으로 나타난 데이터이다. 아직 성공할지 모르는 나의 데이터는 포함되어 있지 않다. 지난 장에서 역설한 것처럼 과거의 데이터에 사로잡힌다면 미래의 변화에 대해 전혀 대처할 수 없게 된다. 즉 이 통계에는 내가 앞으로 얼마만큼 변화할지에 대한 가능성은 전혀 반영되어 있지 않다. 과거에는 주식투자로 별 재미를 못 보고 좌절했을지라도 이를 털고 다시 해보겠다는 다짐으로 퇴근 후 피곤한 몸에도 시간을 쪼개 열심히 주식 관련 자료를 보고 꾸준히 성장하는 회사를 찾으며 열정을 보이는 많은 투자자의 성공 가능성은 전혀 반영되어 있지 않다. 특히 지금 이 책을 찾아볼 정도의 열정을 보이는 당신이라면 충분히 그 성공 가능성을 높일 수 있다고 생각한다.

둘째, '꾸준히'란 단어이다. 전문적으로 주식시장에 적(籍)을 둔 상황이 아니라면 개인투자자는 꾸준히 시장에 참여할 필요가 없다. 시장 환경이 좋을 때 더 집중하고, 또 내가 관심 있게 지켜봐온 업황과 종목이 부각된다면 이때 집중적으로 대응할 수 있다. 이는 시장이 좋으나 안 좋으나 시장에 참여하는 외국인과 기관 등의 주체와는 다르고 시장 지수와 나의 성과를 비교·평가받는 펀드매니저와도 또 다른 상황이다. 오히려 이런 차별점이 개인투자자의 강점이 될 수 있다. 게다가 지금은 보유 종목의 수익률이 변변치 않더라도 시장에서 재평가를 받아 주가가 상승해 수익을 실현하고 다시 현금이 높은 상태에서 시장에 대응할 수 있는 여력도 가져갈 수 있다.

 '자금력이나 정보력의 부족이 개인투자자의 열세 요인'이라는 지적을 그대로 앵무새처럼 이야기하고 싶지 않다. 시장이 될 때 집중하고, 시장 트렌드에 맞게 빠르게 변하고, 꾸준히 투자 아이디어를 찾아 시세로 연결되는 과정을 이어간다면 개인투자자의 강점 또한 충분히 살릴 여지가 있다. 통계로 드러난 사실은 개연성이 높은 현상일 뿐이다. 이를 단순히 일반화하기보다는 기회 또한 충분히 많다는 점을 강조하고 싶다.

작지만 강한 주식투자 성공을 위한 조언

첫째, 주식에 대한 열정이다. 보통은 주식시장이 안 좋으면 관심이 떨어지고 활기를 찾으면 관심이 다시 증가하게 된다. 하지만 시장 상황

도표 114. 투자자 A씨의 일과

시간대	활동 내용
기상 후 출근 준비	미국 시장 동향 지표 점검 + 출근 시간 주식 관련 유튜브 영상 청취
출근 및 본업	간간이 시장 동향 체크 + 특징 섹터/종목 체크
퇴근	시장 동향 확인 + 외국인 기관 관심 섹터 점검
퇴근 후 취침전	장중 체크한 섹터 및 기업 관련 뉴스, 증권사 리포트, 사업 보고서 체크
주말	산업 리포트 정독, 주중 저장했던 기업 리포트 및 사업 보고서 정독

에 따라 전략은 바뀔 수 있어도 꾸준한 관심과 열정은 투자자로서 필요한 기본이라고 강조하고 싶다.

직장인 투자자 A의 일과를 소개하고 싶다. 주식투자 경력은 그리 오래되지 않았고 아직 집을 사지 못해 주식투자로 가족을 위한 집을 마련하는 게 1순위인 평범한 투자자이다. 하지만 위와 같은 일을 2년 넘게 해오고 있다는 점에서 평범한 투자자라고는 생각되지 않는다. 꾸준함과 지치지 않는 열정을 보여주다 보니 같이 아이디어를 나누고 직접 매매로 이어간 수익률 또한 탁월할 수밖에 없다. 시장과 주식 이야기를 하다 보면 나날이 성장하는 식견에 깜짝 놀랄 때가 많다.

아마 이 정도의 열정과 복리 효과 그리고 운까지 더해진다면 10년 후에는 집이 아니라 건물을 살 정도의 여력을 보여줄 수 있지 않을까 싶다. 게다가 몸에 체화된 시장 대응력과 기업에 대한 이해는 무엇과도 바꿀 수 없는 자산이라 생각된다. 10년 넘는 노력이 자연스럽게 그를 파이어족(경제적 자립을 통해 빠른 시기에 은퇴)으로 이끌 것이다. 결국은 시장이 지치게 해도 여전히 열정을 보여줄 수 있느냐가 가장 중요하리라 본다. 묵묵히 준비하고 꾸준히 다듬어 간다면 황금알을 낳는 거위는 내 안에 자리 잡게 될 것이다.

둘째, 투자 마인드의 관리이다. 시장이 급락하면 '이러려고 내가 주식시장에 뛰어들었나' 하는 자괴감과 한탄이 넘쳐나게 된다. 하지만 현명한 투자자는 주식시장이 급락할 때 "열 받는데 소주나 한잔하자"는 자리를 멀리한다. 벌어진 상황에 대한 감정적인 대응은 뒤로하고 이를 이용할 기회를 찾는 데 주력한다.

시장이 안 좋을수록 기업의 가치는 제대로 평가받지 못하고 주가 또한 떨어진다. 반대로 시장이 상승하면 오히려 기업 가치보다 더 과열된 측면이 나타나기도 한다. 결국 지나고 나면, 지금이라도 팔아야 하는 건 아닌지 고민했던 자리가 저점이었고 지금이라도 추격매수 안 하면 더 올라갈 것 같아 보이던 자리가 고점인 경우가 많다. 시장은 감정에 휘둘리는 투자자에게 큰 기회를 주지 않는다. 자신이 직접 찾은 기업의 성장성과 가치가 충분하다면 시장을 기회로 이용하겠다는 투자 마인드는 언제든지 보석처럼 빛날 수밖에 없다.

특히 간간이 찾아올 수밖에 없는 조정 장세에 대한 마인드 관리가 필요하다. 시장이 안정적으로 상승할 때는 누구나 수익을 낸다. 하지만 통상적으로 시장의 조정은 언제든지 나올 수 있으며 고점 대비 지수 −10% 하락은 당연히 나올 수 있다. 이런 상황이 되면 중소형주는 −20% 가까이 하락할 수밖에 없는데 이때쯤 되면 기존에 생각했던 원대한 꿈은 무너지고 급격히 의기소침해진다. 그와 함께 평소에는 안 하던 "시장 앞으로 얼마까지 빠진다", "시장의 하락은 이제부터 시작이다"

도표 115. 시장 조정 시 대처 방법

대응	내용
종목 집중	시장 주도 및 시장 하락 견딜 만한 종목 중심 압축 + 기업가치 대비 낙폭과대 종목 확인
자금 배분	추가 하락시 대응 가능한 현금 확보 + 압축 종목 중심 저점 분할 매수 대응
마인드 정립	급격히 떨어지는 자신감 관리 + 많은 시장 정보 지양 + 기업 중심 공부 지속

같은 유튜브 영상에 집중하는 자신의 모습을 목격하게 된다. 조회 수가 주목적인 유튜버들이 만들어낸 자극적인 제목에 자신도 모르게 이끌린 것이다. 결국에는 시류에 휩쓸린 채 근거가 빈약한 정보에 자신을 노출해 더욱 불안에 떨게 되고 만다. 내 계좌의 주인은 나이고, 나는 소중하게 모아온 내 자산을 키워나가는 펀드매니저이다. 다른 사람의 말만 따르고 있다면 시장에 주체적으로 서야 할 '나'는 어디로 간 것일까?

필자 개인적으로는 시장 조정 시에 [도표 115]와 같은 세 가지 방법에 초점을 두고 나를 단단히 만드는 데 주력한다. 시장 조정 시 허탈한 마음에 계좌를 보면 '최근에 손해 본 금액이 월급의 몇 배야'라는 생각에 가족에게 미안해지고 자존감도 바닥을 칠 수밖에 없다. 오히려 이럴 때 시장의 노이즈에 휘둘리기보다 내 계좌에서 수익을 내줄 종목에 집중해야 한다. 조정 이후 시장의 변화와 이를 주도할 종목, 평소에 관심 있었던 종목의 동향을 확인하고 신규로 진입할 방안을 찾아 대응한다면 어느덧 조정이 크게 두렵지 않은 '나'를 발견하리라 믿는다.

셋째, 집중 매매와 분산 매매의 적절한 활용이다. 한두 종목을 집중적으로 매매하는 방법과 여러 종목을 매수해 위험을 분산하는 포트폴리오 매매에 대해서는 그 장단점에 대해 다양하게 논의되어왔다. 개인의 성향 차이일 수도 있겠지만 개인적으로 다양한 방법을 시도해본 결과 비교적 적은 투자금을 키우려면 리스크를 감수하더라도 집중 매매에 신경을 쓰고, 어느 정도 커진 투자금에서는 분산 매매로 대응하는 게 낫다고 본다. 벌어야 하는 공격과 번 것을 지켜야 하는 수비 양쪽을 위한 적절한 대응법이라 생각한다.

더 세부적으로는 앞 장에서 설명한 내용과 같이 단기매매 계좌에서는 가급적 집중 매매로 효율을 끌어올리고, 장기매매 계좌에서는 이를 관리하는 차원에서의 분산 매매가 좋은 전략으로 보인다. 어떻게 보면 적은 투자금으로 시작한다면 투자의 출발이 집중 매매일 수 있다. 그러기 위해서는 종목에 대한 충분한 공부를 통해 이해를 넓힌 뒤 매매에 대한 확신으로 이끌어가야 한다. 투자의 가장 큰 리스크는 종목에 대한 공부와 확신이 없는 가운데 시장이 흔들릴 때마다 차트를 초조하게 바라보며 흔들리는 내 눈빛이다. 일주일 사이에 기업 가치는 바뀌지 않는다. 흔들리는 시세보다 시세를 이용해 집중 매매로 결과를 끌어낸 뒤, 성장한 투자금을 다채롭게 대응하며 분산 매매까지 이뤄낼 수 있다면 어느새 부쩍 커진 내 투자금과 투자력에 놀라는 날이 분명 오리라고 믿는다.

결론적으로 주식투자는 슈퍼카와 명품으로 나를 치장하려고 하는 것도 아니고, 남들보다 돈을 더 많이 벌려고 하는 것도 아니다. 내가 행복해지기 위한 최소한의 경제적 자유를 위한 과정이다. 오히려 투자하면서 '더 스트레스받고 행복하지 못하다'고 느낀다면 주객이 전도된 것이다. 그렇다면 처음으로 돌아가서 투자에 대한 나의 마인드와 접근법을 차근차근 다시 살펴보아야 한다. '100억을 벌어야 성공한 투자자'라고 생각하기보다는 다양한 시장의 움직임 속에서 좌충우돌하면서 경험을 쌓고 기업에 대한 통찰을 체화하기 시작한다면 주식투자는 100억 이상의 가치, 그리고 제2의 직장이 될 수 있다.

탁 트인 해변가에서 피나콜라다를 마시며 따듯한 햇살 아래서 볼을 간지럽히는 바닷바람을 느끼고 싶지 않은가? 주식에 대한 열정과 시간으로 축적된 마법의 힘은 노트북으로 충분히 주문을 걸 수 있다. 여러분은 충분히 그럴 수 있다고 믿는다.

인포맥스 라이브 톰과 제리의 시장을 이기는 주식 대전망

2022 빅 인사이트

초판 1쇄 인쇄 2021년 11월 19일
초판 1쇄 발행 2021년 11월 30일

지은이 차영주, 김민수
펴낸이 최기억, 성기홍
펴낸곳 (주)연합인포맥스

출판등록 2008년 4월 15일 제2008-000036호
주소 (03143) 서울특별시 종로구 율곡로2길 25, 연합뉴스빌딩 10층(수송동)
전화 02-398-4988 **팩스** 02-398-4995
이메일 hnpark@yna.co.kr
홈페이지 https://news.einfomax.co.kr

ISBN 979-11-976461-0-2 (03320)
ⓒ 차영주 · 김민수, 2021